STYLE

STYLE

食物旅行家
張健芳——著

眾神的餐桌

跟著食物說書人，
深入異國飲食日常，
追探人類的文化記憶

目錄
Contents

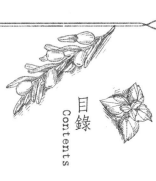

BeerLao

—推薦序—

愛的味道

旅遊作家／褚士瑩

我自己是一個認爲吃很重要的人，或許物以類聚，我的生活圈裡也充滿了吃貨、廚師、美食作家。

但人生總有例外，比如大多數人都對法國人有講究美食美酒的印象，當我來自巴黎的哲學諮商老師奧斯卡．伯尼菲，一面吃著看起來就超難吃的鮪魚罐頭當一餐（而且一口氣連吃三個），一面滿不在乎地說：「對我而言，吃東西只是維生而已！」

聽得我的心都痛苦地揪起來了，簡直不敢相信有法國人會這樣虐待自己的腸胃，而且到他在法國中部葡萄酒鄉勃肯地的老家時，飯桌上擺著的不是在地的葡萄酒，竟然是在家樂福買的，有附壺嘴的超大包裝塑膠酒袋，看起來像是醫院裝滿血漿的點滴袋，而且喝得津津有味。

雖然如此，我並不會說整天講究吃喝，到全世界收集米其林餐廳的所謂「美食家」們，更能得到我的認同。因爲我很清楚，人生如果只是爲了到許多有名的餐廳、或是難得一嚐的珍饈，那也不過是貪吃而已，跟貪財，貪色，貪愛，其實都沒什麼不同，本質同樣是「貪婪」，而我並不喜歡貪婪的人。

有位美食作家朋友韓良憶，最近在臉書上發表了一則有點情緒化的動態：「除非我們很熟，否則上網查得到的資訊和食譜，請不要來問我。就算問了，一題爲限，拜託別問完一題又是一題。我不是谷歌，也不是百度。」

看到之後，我也忍不住爲她的眞性情叫好。因爲我看著那些在網路上問她牛肉如何炒才好吃（逆紋切片，用醬油太白粉水和一點油醃半小時，熱油冷油炒至一變色就撈起備用，等別的配料炒好、煮好了，最後才加進肉片，以及一點調味料和酒就起鍋），胡麻醬怎麼做才合標準（自己用主婦聯盟合作社買來的冷壓白芝麻醬調），太白粉是不是 corn starch（當然不是），照片中那個陶鍋底下的三角型鍋架要去哪裡買（菜市場），我相信再有耐性的人，也會抓狂吧？

因爲這些人忽略了一個最重要的事情：韓良憶的發文要說的是，她如何做了一道芝麻涼拌雞絲黃瓜絲，一個茄子牛肉煲、還有一盤（加了一匙三尺堂酥麻辣渣的）韭菜炒蛋，而她向來不怎麼喜歡中國菜的荷蘭丈夫約柏，竟然開開心心吃了兩碗白飯，彷彿也跟他心愛的妻子一樣，有了個華人的胃。

那些菜色，是他們夫妻倆愛情的表現，至於跟牛肉怎麼切、醬汁怎麼調、太白粉的成分是什麼、推薦哪一款廚具，老實講一點關係也沒有。食物之所以動人，不全然在於料理的手法，或是在米其林餐廳指南是否榜上有名，而是食物所喚起的記憶跟感受。

「食物旅行家」張健芳的新書《眾神的餐桌》，裡面有一個故事，說的是跟一個瑞典朋友哈肯到住家附近的森林深處去採野生菇蕈的故事。其實不只在北歐，從德國西南部巴登．符騰堡州的黑森林，到緬甸克倫族人在Kawthoolei北部的原始熱帶森林，每個採菇人心中似乎都有幾個特別的地方，比祕密基地還機密，比個人帳戶還私人，比神壇還神聖。

「對瑞典人來說，家人，就是一起採野菇，殷殷告誡你如何分辨毒菇，分享祕密採菇的地點，然後一起料理野菇，吃野菇。」哈肯這麼跟她說。

哈肯的祖父，生前時常一個人到森林的小屋附近採菇回家，祖父臨終前，臥病不起的祖父突然請孫子瞞著他的祖母，去這座森林小屋的祕密隔間，把裡面的東西扔掉，於是哈肯才發現這個森林小屋，原來是祖父與男性情人大半輩子祕密幽會的地方，而這座長滿野蕈的森林，則是祖父的斷背山。整個故事，都發展鋪陳在這一頓去採菇、回家料理的過程當中。

情人間的乾柴烈火，已經調降溫度火候，變成家人間的鍋邊爐火。

世事無常，所謂的家人，就是不論疾病或飢餓，日日夜夜一起分享食物的人；就是你老態龍鍾時，最在乎你牙齒掉了只能喝粥的人；就是在你久病床前削蘋果皮的人；就是你到了生命盡頭，你仍擔心有沒有餓肚子的人。

縱使亙古長夜，唇齒相依是人類之所以為人類的一絲曙光，這樣的接納與關懷，我們叫做「愛」。

而愛，是不加害與人的。

順著張健芳的文字，我彷彿看到了那片神聖而充滿故事的森林，我不但嚐到了野菇的滋味，也彷彿嘗到了家族祕密與禁忌之愛的滋味。那一段故事結束的時候，我闔上扉頁，竟然自己也經歷了一場食物的冒險，好好吃了一頓美饌的滿足感。

留在舌尖上的，是愛的味道。如果你不知道那是什麼，想一想每個家庭裡，不也都有那麼一兩道被自家人當作神話般傳頌的「媽媽的味道」？

與其說我們愛吃，不如說我們吃的是愛，而愛化為一陣鍋蓋掀開時昂揚的香氣，無法捉摸，難以形容，卻又揮之不去，久久不散。

—推薦序—

食物和文化的微妙聯繫

網路媒體《旅飯》、
米飯旅行社創辦人／工頭堅

收到健芳來信，習慣性地先瞥了一眼書名，趕忙心虛地回覆：「如果主題是談飲食，那眞不是自己的強項，不敢班門弄斧。」她安慰我道，寫的其實不是美食，「而是以食物爲媒介訴說一個故事，帶領讀者深入不同的文化。」這句話，遂成功地引起了我的興趣，也言簡意賅地說出了這本書的內容。

或許和很多人一樣，年輕時的旅行，其實是不重視吃的。總覺得要發掘的風景、要體會的風情太多，把時間花在餐桌上，還不如多去看些博物館、走些大景點。因爲我們從一出生就開始吃了，反倒覺得此事稀鬆平常、無甚驚喜；但正如生命經驗需要學習與累積，直到某個階段，彷彿像是開竅了一般，突然懂得吃了。

我常在演講時提到自己的那些神奇時刻：好比少年時在日本吃到壽喜

燒，在南義的某個小餐館吃到的海鮮義大利麵，在突尼西亞吃到庫斯庫斯（Couscous）……等，先是味覺的開拓，然後又意識到這是一種文化的特色。旅行到哪裡，便由當地的歷史，延伸到日常的食物；尤其是那些在餐桌上、和不同國家的人民共同吃食的場景，不僅學習他們用餐的方式，還浸淫在彼此談話的內容，以及背後所代表的各國歷史與人文背景。

畢竟，說到底，還有哪一項文化，能夠比吃的文化更久遠嗎？如果用「食物+歷史」去網路書店搜尋，會驚訝地發現這簡直是個浩瀚磅礡的文類，而自己也越來越樂於閱讀以飲食做爲切入點的旅行文學；原因無他，除了風土與歷史，這類文字通常更多了「味道」，甚且能夠親身品嚐與領略。

而這次健芳將主題帶到了信仰，這也是書名《眾神的餐桌》之由來。宗教和飲食（如果不算上戰爭的話），這兩個人類最古老的題目，健芳將它們擺到了現代的一個又一個生活場景中，寫下世界各地的故事；特別是我也非常熟悉的柬埔寨等篇章，讀來感觸更是深刻。

和健芳談不上熟識，有個因緣至今也沒能告訴她。前兩年常到屏東，下榻在禮納里好茶部落的luluwan（魯魯灣），主人Balu是部落大頭目之子，我們有學長學弟之誼。他致力於發揚部落的飲食文化，曾邀請我到山上講一堂課，分享在世界各地見到、吃到、感受到的餐/酒見聞。除了從多年來旅行的相片中、翻找出至今難忘的味覺回憶來分享之外，還特別推薦了一本書，正是健芳的《在異國餐桌上旅行：跟著食物旅行家遊走世界，與當地人同桌共食，聽生命故事佐餐》，以此勉勵學員，如何用飲食來訴說部落、甚至拓展到台灣土地與人的故事。

期望這本《眾神的餐桌》，也能夠讓更多人領略並思考，原來食物和文化、人生，有這麼微妙深遠的聯繫，並也願意說出自己的故事。

—推薦序—

故事的餐桌

飲食文化作家／葉怡蘭

沉醉閱讀數十年，深深知曉，每一種類別的書寫，都有極其遼廣的面向與可能性，飲食亦然。

但事實上，看似多類多樣，若再深入探究便會發現，這些篇章文字所述說的，都不脫「故事」：小說散文是關乎人事地物的故事，歷史是呈顯過去連結今日的故事，知識門道美學藝術科普論述是關乎食物形貌本質的故事；就連食譜，一匙鹽兩片薑一杯高湯、多少度烤幾分鐘、小火慢燉幾小時……更點滴盡是美味生成故事。

以「食物說書人」、「食物旅行家」自況的健芳，則毫無疑問是說故事的高手。

早從她的前本著作《在異國餐桌上旅行》起，就已對她的寫作印象深刻。

她以料理爲引，娓娓訴說的，卻遠遠超乎食物本身，還一路鋪陳至旅途中所邂逅遭遇的人的面目個性、人生際遇、情感情致；以及我認爲最動人的，那地方的風土人文、民風民俗，還有，因時代、地域、歷史、命運之變遷撥弄而生的矛盾衝突、荒謬殘酷、無常無奈哀傷……

而比之前作，《眾神的餐桌》則無疑更進一步，不管是食物的內容掌故色香滋味、以至文字的故事的濃度都明顯更豐盈飽滿。讀之，彷彿眞的置身由她揺地糾集的說書場，在高潮迭起情節中、在纏綣優美如歌的敘述裡神迷心醉、喜怒悲歡；同時，對字裡行間款款流露的，來自作者自身的諷喻針砭、傷懷喟嘆、理解容諒感同身受。

展現了飲食故事的無可制限與開闊，是爲臺灣飲食書寫另闢新局之作。

— 作者序 —

用食物說故事

古羅馬哲學家塞內卡曾說：「宗教在凡夫俗子的眼中是眞的，在智者的眼中是假的，在統治者的眼中則是有用的。」

除了宗教以外，金錢、公司、法院、股市、政府這些「有用的」事物，也都是透過人類間的溝通互動才存在，人類說故事為世界賦予意義，而意義也如同水一樣流動。

人類最大的天分是可以憑空虛構，只要創造了或掌握了一個讓大家都接受的故事，就可以驅動無數的陌生人一起合作，建造吳哥的灌溉水渠，參與越南獨立革命，或成立荷屬東印度公司。

我寫作的重心，一直都是藉由某種食物，去訴說一個故事，或一個人的生命片段，食物常常帶出最深沉幽微又生氣勃勃的一面，所以，我注定要去爬梳飲食文化的前世今生。

與其說我是飲食作家，不如說我有幾分像業餘的人類學家或社會學家。人類不只是一個嘴巴一個胃，吃飽打嗝而已，我們擁有腦袋和心靈。別讓CP值的單薄，奪走飲食所承載的文化厚度。

想像力就是我們的超能力。

我們是社會動物，一輩子都活在故事裡。日常生活全仰賴「想像的共同體」，傳統、體制、宗教、政治、信仰，理念、文化、意識形態、經濟運作，全是虛構的眾神。

不管是排隊吃拉麵，跑馬拉松，搶購比特幣，只要參與同一個社會活動，就等於膜拜同一個神，相信同一個價值，被同一股看不到摸不著的力量左右。你所奉獻的時間和精力讓你的神有了價值，信仰有了光彩，靈光熠熠，進而創造你的人生。

書中故事來自我旅行中的所見所聞，這些有趣的梗只能從當地人的嘴裡聽到，有時候就是幾句「想當年」而已。將瑣碎的對話和模糊的回憶補綴成天衣，讓讀者披上，進入一個不同的時空飛翔，總是耗費我大量的想像力和聯想力。

我希望我寫下的故事，能和孕育這個故事的母國血肉相連，鑲嵌在眞實情境下。於是我必須找資料讀資料，大量的資料！並且詢問許多擁有相關知識的人。然後「喔」個不停。

在越南吃河粉時，聽到五零年代買辦權貴的千金辦婚禮，非巴黎高級訂製服不穿。喔！原來是Dior大名鼎鼎的New Look洋裝。

喔！原來二戰後的那十年，是訂製時裝的黃金年代。那種軟尺在身上比劃，那種爲了衣領裙襬煩惱的待嫁女兒心思，六、七零年代之後全被成衣取代。

喔！原來越共往南滲透時，他們的情報站眞的常常就是河粉店和河粉攤。

在寫柬埔寨那篇的時候，我不但看遍了我找得到的所有歷史紀錄片和考古節目、南傳佛教高僧的傳記、無數的回憶錄和史料，我還讀了人類學的田野調查筆記。

難免越看越灰心，千年吳哥，我再怎麼下工夫也是淺薄。

不過，飲食文化承載人類共同的情感，從這個點下筆，總是最能引起共鳴，然後一點又一點，一步一又步，我努力接近故事的核心，試著捕捉永恆的神思。

電腦鍵盤喀啦喀啦，沉浸其中，有時我幾乎可以聽到上帝越過頭頂的聲音。

我心裡一直住著一個俗又有力的歐巴桑，我喜歡市井雜沓的油膩，我喜歡尋常人家的炊煙，我喜歡婆婆媽媽的家常手藝，我喜歡跟小販買了邊走邊吃，我喜歡跟著當地人去田裡拔菜或河裡撈魚，我喜歡蹲在椰子樹下用石杵石臼搗香料。

生活就是柴米油鹽，不鹹不淡，再尋常不過，但生命的深度，又藏在日常茶飯事裡。只要有心，區區一粒稻穀，也壯闊宏大，宛若史詩。

坐上眾神的餐桌，藉由飲食去窺探地球上另一個時空的人如何活著，如何死去，然後恍然大悟：「喔……原來他們和我沒什麼不一樣。」

—西班牙餐桌—

跳佛朗明哥的補鍋匠

說到底，藝術是一種無法吃飽的無用之物，本來就不是為了填飽肚皮這種凡塵俗事而存在。人類不是吃飽打嗝就心滿意足的動物而已，為了能夠超越日常的艱辛，我們需要短暫進入另一個境界，感受生命的聯結、神性的臨在。

在西班牙南部的格拉那達（Granada）時，晚上被友人荷西帶去一個小小的佛朗明哥party，來的只有餐廳的老主顧，每個人都認識每個人。

佛朗明哥的表演場地越小越好，最好近到可以嚐到舞者額上撒下的汗珠，看到歌手的喉結一動一動，心頭跟著吉他手的手指七上八下。

應邀前來表演的是一家祖孫數人，湊成了一個陽春的舞團，老祖母的矮小身形彷彿承載了過多時間的重量，滿臉皺紋，深褐膚色，像一棵深深扎根土壤的老橡樹，八風吹不動，可以繼續佇立數百年。

一跳起舞來，卻像穿梭於樹梢新芽中的鳥一樣奔放。

這場子不是給觀光客的娛樂，而是當地人的同樂會，大家耳朵一聽到熟悉的曲調是會起共鳴的。

西班牙人天生有享樂的本事，歌舞到酣處，觀衆和表演者的距離都消失了，臺上臺下一陣搖頭晃腦，啞著喉嚨低聲吟唱，白髮蒼蒼，腳踏掌擊，節拍抓得準準。

我說：「聽他們的歌聲，好像在承受人生巨大的悲哀似的。」

「當然，」荷西說：「這幾個表演者都是吉普賽人，不是白人自己胡搞瞎搞亂模仿。那種腔調和情緒是血裡帶來的。如果不是吉普賽人，很難體會歌詞的意境。」

佛朗明哥誕生於吉普賽人長年的顛沛流離之中，他們四處流浪，以馬車爲家，晚上圍在營火旁吃大鍋菜、說故事，興之所至，就來段即興歌舞，身影就著火光，映在岩壁或馬車篷上。

他們耳濡目染，打從邁出第一步，就會跳舞，一學會說話，就會唱歌。不爲賦新辭強說愁，不精緻華美，也不典雅蘊藉，只有歷經困頓磨難而不屈的生命力傾洩而出，酣暢淋漓，像從未修剪過的野地荊棘，怒放著痛苦和詩意。

對我來說，吉普賽人好像不該在現實生活中露面，只應帶著水晶球和塔羅牌出現在電影小說裡。「啊……我的卡門，我的愛絲梅拉達。」

看我骨碌著兩隻眼睛，頻頻望著「從電影中走出來」的吉普賽人，荷西說：「吉普賽人對現代社會的適應程度不一，有的人只把馬車改成露營車，走的還是漂泊的老路子。有的人改行，有的人更慘。」

「多慘？」

「超慘。」

「嗯？」

「唉……」

「怎麼個慘法呢？」

「定居就學，畢業後去上班領薪水，乖乖繳房貸、車貸。」

「dios mios（我的神呀）……真的很慘……」我口中喃喃附和。

「靈魂萎縮得比吐出的橄欖核還小……」荷西簡直痛心疾首，彷彿要繳房貸的吉普賽人是天大的悲劇。

在臺灣再自然不過的生活常軌，突然聽起來像是通往火獄的歧途。

我盯著荷西心想：「不愧是搞小劇場的，經濟不景氣，沒了工作，卻還是那麼愛演。」

畢竟一樣是追求心靈自由的藝術家吧？佛朗明哥是他們的翅膀，吉他聲、舞踏聲、嗓音，其實是鼓動翅膀的聲音。

我去續杯啤酒時，正好遇到那位剛剛跳舞的阿婆在酒吧旁休息聊天，我抓住機會說：「您跳起舞來就像鳥兒在飛翔。」

西班牙文中不用「您」，是非常不禮貌的。

引來他們大笑。

外國人不管講什麼話，總是很好笑。

原來我可以那麼好笑。

阿婆芳名蘿莎（Rosa，意爲「玫瑰」），不客氣也不謙讓，大大方方接受讚美：「謝謝，親愛的。」

聊著聊著，我隨口問：「您們以前通常吃什麼？」

「這個嘛……很值得一提的倒是沒有……因爲吉普賽人通常很窮，有什麼吃什麼，飲食沒什麼講究。」

我問：「您們過年過節吃什麼特別的食物呢？有食譜嗎？」

「吉普賽人天性自由自在，沒有規則、食譜這套鬼東西……」

看我聽得一愣一愣的，蘿莎笑道：「哈哈，其實還不是因爲窮？窮人有什麼吃什麼，全加到大鍋裡煮。哪需要食譜？」

「那您們住哪裡？您以前住過篷車嗎？」

「小時候當然住過。」老人家回憶：「我祖母的老家就蟄在亞爾漢布拉宮（La Alhambra）後頭的山壁裡，我小時候去，都吃大鍋菜，不管什麼食材，馬鈴薯、蕪菁、洋蔥，偷獵的兔子雉雞，林子裡採的野菇，洗洗切切丟進一個古老的大鐵鍋就是了，一鍋煮到底，不用其他烹飪道具，是最簡單豪邁的烹調方式。

印象中鍋子從來不洗，也不曾見底。」

「那這樣夏天不會壞掉嗎？」

「鑿在山壁裡的石洞，冬暖夏涼，炎夏一踏進去，溫度驟降。而且窮人哪有挑挑撿撿的餘地。」

蘿莎的孫子哈維葉插嘴：「不過，我們的先人雖然對鍋子裡的食物不講究，卻是走遍千門萬戶的補鍋匠。」

他指著餐廳牆角淪爲擺飾的古董大鐵鍋說：「在不鏽鋼的鍋具大量生產前，家家戶戶的鍋子破了或壞了，都會委託我們帶著活動的風箱和冶煉工具，幫忙修補焊接。」

蘿莎說：「以前的平民再怎麼家徒四壁，屋裡還是有一口鐵鍋子，畢竟是吃飯的傢伙。而這唯一的鍋子可能是這戶人家最有價值的物品，一旦壞了，一定要補。」

我沉吟道：「聽起來是腳踏實地的匠人呢。眞讓我意外，我還以爲您們就是唱歌跳舞而已。」

「只跳舞哪來的飯吃呀？」

吉普賽女人精通草藥，男人擅長打鐵，行遍天下，必須身懷實用的技能，不能只是風花雪月而已。

浪跡天涯的人最注重能塡飽肚子的手藝。在有宗教審判的恐怖年代，想在別人的地盤上討生活，讓別人願意光顧生意，要陪一萬個小心，反而沒有普通人想像的藝術家，那一身不食人間煙火的波希米亞情調。

「情調又不能吃！」他們互相調侃起來：「在觀光業發達以前，我們就是圍著大鍋，吃飽喝足，唱唱歌彈彈吉他，年老的阿婆大媽出來扭扭腰跳跳舞，如此而已。哪有想那麼多？」

「你去安達魯西亞鄉下的吉普賽人社區去看看就知道，老人家再怎麼厲害，也不認爲自己是什麼鬼藝術家。」

「唱歌跳舞就是抒發，是一種日常需要，就像每天要吃飯跟呼吸一樣。你總不會因爲吃飯呼吸，就期待人家給你掌聲吧？那是你心甘情願爲自己做的呀。」

我恍然大悟，突然感到一股前所未有的自由。

不管骨子裡、精神上，他們就是爲了自己歌舞，不是爲了外在的觀衆呀錢呀溫飽呀藝術價値呀之類的，既然沒有期望，所以也不會失望，更沒有懷才不遇、有志難伸這種浪漫主義的藝術家脾氣。

他們乾杯起來：「其實我們也會爲了啤酒歌舞啦。」

藝術家是一群矛盾的人，又要世界尊重你的心靈空間和創作自由，又渴望關注、掌聲甚至名利。

哪有那麼好康的事？

「沒辦法，藝術家本來就怪呀。」蘿莎說起話來和抓節奏一樣精準：「拜託喔……那些自稱受盡折磨的藝術家吃飽太閒，眞正苦過餓過的人，哪有力氣如此矯情？求生都來不及了，還故作姿態和自己過不去？」

吃不飽的窮藝術家，一身酸氣，誰見了都怕。唯一的好處是，老來可以把年輕時的折騰都看成笑話。

不過，把這麼草根庶民的舞蹈昇華到超然的藝術境界，甚至提高到代表西班牙的國舞地位，靠的不是鄉間阿婆吃飽喝足後的一時興起，靠的就是日日夜夜「和自己過不去」的職業表演藝術家。

再怎麼前衛現代、見過世面的吉普賽文化菁英們，進了殿堂成了名，也不忘時時回到源頭充電，這種親友熟人間的小派對是孕育佛朗明哥的土壤，擁抱生命、直白表達情感，才是佛朗明哥的核心。

而吉普賽人的社群文化特殊，小偷小摸，不學無術，不送小孩上學去受教育，早婚早孕，孩子一個接一個生不停，失業率高，普遍貧困，依賴社會福利，當補鍋賣藥之類的傳統生計被時代淘汰了以後，除了跳舞賺觀光財以外，謀生不易，更需要和族人抱團取暖。

若換成臺灣，說直接點，吉普賽人可能就是原住民、外勞移工、更生人、中輟生、低階勞工、失業者、遊民、街頭藝人、幫派混混這些社會邊緣人的大集合，他們的歌舞自然也被視爲不入流，長年累月被良家百姓鄙視輕看。

從煮著大鍋菜的營火，到藝術殿堂的榮光，佛朗明哥獲得西班牙社會普遍的認可讚賞，甚至舉世皆知，算來不過近幾十年。

可說是社會階層最兩極化的藝術形式。

說到底，藝術是一種無法吃飽的無用之物，本來就不是爲了塡飽肚皮這種凡塵俗事而存在。

人類不是吃飽打嗝就心滿意足的動物而已，爲了能夠超越日常的艱辛，我們需要短暫進入另一個境界，感受生命的聯結、神性的臨在。

因爲只有寶貴的一瞬間，暫時喝露珠、吸仙氣也無妨。

我邊看著近在咫尺的歌舞，邊低聲和荷西咬耳朵：「他們哪是在唱歌跳舞？這是在燃燒。燃燒到極致，簡直是一場奇妙的宗教體驗。」

荷西聽了我的心得，笑說：「這也不奇怪，十五世紀以前穆斯林和猶太人在格拉那達安居樂業，社會由伊斯蘭文化主宰。

那個時候的人認爲藝術家只是媒介而已，像阿拉手中的工具，創造出的美麗全來自於阿拉。」

他說：「現代觀念中那種自我中心、沉溺於自我表達，滿口我我我我的藝術家，以前根本不存在的。」

「你聽佛朗明哥時，觀衆會忘我地大喊Ole（歐類），Ole其實就是Allah（阿拉）的轉音。藝術家全心投入、出神入化時，是蒙神庇佑，與阿拉眞主同在呀！」

他喝了一口啤酒，接著說：「然後歌舞完畢，神靈歸位，重新回到貧困的生活，日復一日，重複瑣碎無聊的每一天，凡胎俗骨還是餐餐吃大鍋菜果腹。」

—西班牙餐桌—

上帝透過火腿說話

上帝透過火腿說話，養豬就是延續土地的精神，橡樹和橡樹離得夠遠，驅使這些短硬豬鬃、身軀肥短的天使四處走動努力找橡實吃，身上多出一圈又一圈厚軟如羽絨被的肥肉，才有好火腿。

當上帝尚未死去，祂透過火腿說話。

十七世紀的某一天，格拉那達的酒館老闆加西亞難得丟下酒館生意，拖著長長的影子，踱步進入教堂。

加西亞看起來像個陰鬱的阿拉伯人。他的酒館是出了名的龍蛇混雜，透過巷弄耳語，他知道怎麼滿足各路人馬。

他讓疲憊的旅客填飽肚子，幫飢渴的壯漢找來十歲的孤女，替公路強盜銷贓，給被綁架的肉票喝水，替從新世界帶著迷幻藥物歸來的商人牽頭，並時不時在金光黨中笑嘻嘻地軋一角，哪管他們是否準備侵占孤兒寡婦的家產。

加西亞一視同仁，把上門的客人服務得妥妥貼貼，他對眼皮下的交易抱著寬容的態度，不詢問、不深究，把頭轉開，裝作不知道，反正世間萬物都有一個數字，什麼都可仲介買賣，化爲金錢。

加西亞白手起家，買了地、蓋了房，把原本街邊寒酸的肉攤，經營成三教九流聚集的酒館。

加西亞的良心對任何事都非常富有彈性，除了火腿以外。

他對火腿的愛戀，同樣也出了名，大家都知道他店裡的火腿一分錢一分貨，只要你付得起，就吃得到頂級好貨。加西亞對火腿的一絲不苟，追求盡善盡美，好似可以抵銷他默許的所有骯髒事。

「上帝透過火腿說話……」他總愛用拇指和食指挾著一片薄火腿，舉在空中，透著陽光，映照出脂肪和肌肉交織的美麗紋路。這火腿只能來自四處找尋飽滿橡實的伊比利豬，豬蹄踩遍廣闊的橡樹林，豬鼻翻動草地，咀嚼大量的鮮草。

加西亞脫下帽子，進入告解室，隔著木板，跪在神父腳前，低頭懺悔：「請祝福我，神父，我有罪。」

「說吧，我的孩子，只要告解就可以洗清你的罪。」神父的聲音傳了過來，帶著北方人的口音。

「我一直不敢說出來，我……我只怕太慢了。」

「願主垂憐。」

「費南迪那時在我店裡，抱怨火腿的味兒不對。他說的是實話……我那傻兒子眞的在火腿上搞鬼。」

神父說：「費南迪？你是說，亞爾拜辛區的大噴泉那整塊街角的大地主嗎？那個眼科醫生世家的紈褲子弟？」

「對的，費南迪大爺，嘴刁得很，爲了一頓飯可以大老遠跑去里昂和羅馬，然後叨叨念念，讓全格拉那達的廚師耳朵都長繭。」

「他在你店裡怎麼啦？」

「那時只不過是愛面子，所以我才打死不承認……」加西亞喃喃說道：「唉……我也不是故意的呀。我剛好不在，鬼使神差，新來的夥計沒用心檢查，竟然就把次級火腿削了片上桌。」

那一天，挑嘴的費南迪已經喝得半醉。

「酒越來越薄了，你們這是在賣水還是賣酒呀？」他吃了一片火腿，當場罵了起來：「加西亞這生意還要不要做，你們這火腿的豬吃的是穀物，不是橡實！叫加西亞出來。我的舌頭怎麼可能吃不出來……」

新來的夥計不認識常客，剛剛又躲在廚房偷喝酒，仗著酒氣，多嘴酸了幾句：「不巧老闆不在，豬肉就是這味，您吃不慣豬肉就換羊肉給您。」

「沒搞錯吧？」

「不然換烤牛肉……」

「你知道我是誰嗎？」

「這裡有位大爺需要幫助，他醉到不知道自己的名字了。」

「你這豬肉我吃不下去。」

「那給您上隻烤雞？」

「我說的是火腿不對勁。」

「牛不要，羊不要，雞也不要，誰知道您是因為什麼見不得人的理由才不吃豬肉呢……」

店。

「你說什麼？」費南迪摔了酒杯，揪著夥計衣領揮了一拳，接著就要翻桌砸店。

其他人陪盡笑臉、說了好話才勸下了，還連忙換了整桌酒菜。夥計酒醒後，怕老闆責罰，臉面掛不住，鼻青臉腫，心裡氣不過，暗地不住向其他客人抱怨：「我們火腿味道明明很好，貨眞價實，費南迪八成平常吃不慣豬肉。」

加西亞和費南迪在對火腿的挑剔上，可說是惺惺相惜。但他怕砸了店裡的招牌，也就心一橫任由夥計去說，左耳進右耳出。

後來他發現不只是夥計粗心，問題其實更大。打從他那從小病弱的兒子小加西亞浪子回頭，接了掌櫃，安份沒多久，損友又再次慫恿他去玩樂嫖賭，欠下大筆賭債不敢說，只好作假帳中飽私囊，用次貨充好貨。

兒子瞞著老爸串通夥計欺生，手腳不乾淨，專門詐騙過路客，反正醉醺醺的酒鬼，灌了黃湯，什麼好壞也吃不出。

然後他還感嘆並造謠其他店家多麼不誠實。

費南迪是美食家，小加西亞偷料技巧高超，自然從來不敢在熟客面前搞鬼。只不過鬼使神差，當時來了個狀況外的新夥計，傻呼呼地把品質低劣的火腿給費南迪吃，才當場被抓包。

加西亞狠狠教訓了兒子，開除了夥計，一時氣不過，跑回鄉下老家跟遠房堂親荷西訴苦，加西亞店裡的頂級好貨大多是荷西做的。「你欺負我兒子年輕不懂事，要我關門大吉嗎？還好當時店裡客人少，不然我老臉都丟光了。」

加西亞對火腿有一股蠻牛般的執拗，或許是因爲火腿是他唯一可以堅持自己是個好人，靈魂應該上天堂的籌碼。而他兒子連這點也不尊重，唉，這小子從不尊重任何事情，都怪他死去的媽媽太寵他。去占別人便宜還算有本事，偏偏他只是老小孩，只能揩自己老爸的油，敲骨吸髓，吃裡扒外。

一頭白髮的荷西看加西亞在氣頭上，由得他發火大罵，半個字也不插話，只默默搬出最好的火腿，用金屬夾子架起來，放在桌上，就像把加西亞當年尚在襁褓中的親生兒子輕輕擺在他面前似的，加西亞彷彿突然意識到世界上尚有那麼美好的東西。

於是加西亞停止發怒，眼神和緩下來，心中充滿柔情。

兩個老交情的男人不發一語，像刨木頭一樣直接拿刀削成薄片吃，不做任何調理，原味飽含堅果香，彷彿陳年雪利酒一樣醉人。

「氣生完了？」荷西說：「這幾年天氣變得那麼厲害，橡樹結實少了很多，豬只能少養。豬一少，哪來那麼多豬後腿？我眞要有本事，就像個魔鬼異教徒一樣招喚風雨和太陽，那就不愁了。」

「雖然豬吃的不是橡實，但我們醃製時還是下足了工夫呀。熟成時間更長，味道濃郁，論起等級來，也是一等一！哪知費南迪那小子嘴刁成那樣，竟然吃得出來！」

吃著吃著，荷西看加西亞冷靜下來了，就領著加西亞，推開厚實的拱門，穿越泥漿白牆，走入豬群漫步的橡樹林中，橡樹如同一支支巨大的傘，傘下微風徐徐，十分涼快。

他摸著長滿樹瘤的樹幹，像拍著老戰友的背：「火腿是貧窮下的產物，只有窮人才那麼心疼肉痛，把火腿切成紅白相間的薄紙，一盤一盤省省地上……」

「我們的祖先從伊斯蘭教徒手中奪下這片土地，第一件事就是種下這片橡樹林。我的祖父，甚至祖父的祖父，省吃儉用，好幾個世紀以來，不管刮風下雪，都忠心照料著這片橡樹林……」

這一帶很少下雨，橡樹必須種得夠疏，讓根深入土壤，吸收雨水和養分，才能結出又好又大的橡實。橡樹除了向下扎根，還需要足夠的空間，才有足夠的陽光照射，讓枝葉茂盛，向上長成百年大樹。

上帝透過火腿說話，養豬就是延續土地的精神，橡樹和橡樹離得夠遠，驅使這些短硬豬鬃、身軀肥短的天使四處走動，努力找橡實吃，既能鍛鍊肌肉，身上又多出一圈又一圈厚軟如羽絨被的肥肉，才有紅白相間的好火腿。

「我們吃的這頭豬生前很有福氣，一輩子吃了很多橡實，就像一顆長了四條腿的巨大橡實一樣。我老了，我種新橡樹不是爲了自己，而是爲了兒孫，新種的橡樹在我死之前都不會結實。教養環境，在一個孩子出生前的一百年，就要準備好。」

「夥計是你請的，店是你開的，生意是你經營的，我只管醃製火腿，哪知你兒子進了貨以後怎麼招呼客人？兒子是你養出來的，自己的兒子，自己盯著。」

「醃製火腿的佐料除了辣椒粉和鹽巴，還有時間。唉，加西亞，你太太早死，酒吧什麼牛鬼蛇神都有，你又整天忙生意，沒有留意兒子長成了怎樣的人。」

這下換荷西讓加西亞說不出話來。

原以爲最糟的情況就是費南迪從此不上門，損失這個老客戶罷了，沒想到過不了多久，街頭耳語盛傳費南迪被抓到宗教裁判所，下了大獄，屈打成招。竟然供出家族仍然祕密信奉猶太教這條死罪！

西班牙南方一直到十五世紀末，都是伊斯蘭世界的一部分。科學文藝昌明，以手術刀劃開人眼，用數學測量天體運行，幾百年來都是歐洲黑暗時期的燈塔。

自從伊莎貝菈女王領軍南征光復格拉那達以來，下令猶太教徒和伊斯蘭教徒若不限期改信天主教，就一律驅逐出境，違者處死。女王爲了重建天主教信仰，仰賴宗教裁判所暗中監視，有沒有萬惡的異端表面上信奉唯一天主，私下崇拜邪神，就像披著羊皮的狼。

猶太教徒和伊斯蘭教徒的共通點，就是認爲豬肉不潔淨，打死絕對不吃豬肉。火腿是西班牙人的自我認同，堂堂正正的天主教徒藉由吃豬肉，來強調自己不是猶太教徒或伊斯蘭教徒。

上帝透過火腿說話！

邪惡的異教徒很難掩飾對豬肉根深蒂固的嫌惡。換句話說，若有人不吃豬

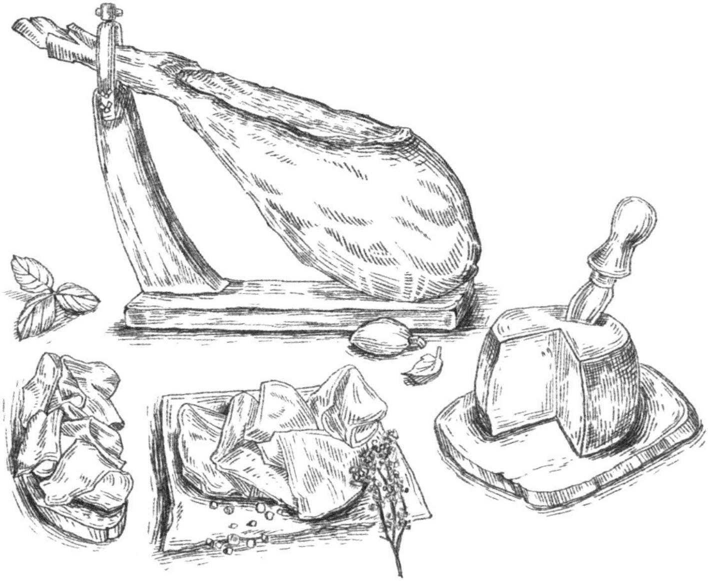

肉，就難免招人起疑。宗教裁判所鼓勵告密，也獎賞告密。尤其當嫌犯的財富讓人眼紅，可被教會沒收充公時，一丁點的嫌疑和過量的貪念，就足以造成冤獄。只要穿著神聖的長袍，上下其手，生吞活剝，也算不上貪污，而是侍奉上帝。

於是一旦費南迪和酒館夥計的口角傳到宗教裁判所的耳裡，過不了多久，費南迪就從餐桌上被拖進牢裡審問。

拷問官：「那時在加西亞的店裡，你爲什麼不吃火腿？」

費南迪說：「因爲火腿的味道不好。」

「你不吃一定有問題。」

「是那盤火腿有問題。」

「你不吃火腿是不是因爲你是猶太人？」

「沒這回事，我一年吃過的上好火腿，比你一輩子加起來還多。」

「不說是嗎？來人！」

可憐的費南迪手臂被往後折，反綁著雙手，高高吊起。雙腳離了地，手臂被身體重量一拉，任誰也殺豬似的叫。手臂筋骨快斷時，他何止承認自己是猶太人？連撒旦的私生子都可以承認。只求趕快被放下來。

「是的，我是猶太人，我的家人都是猶太人。沒錯，我的親戚都是。我舅舅？對的，他也是。沒錯，他太太也是。我遠房堂姐瑪麗亞？我七歲後就沒見過她了，我怎麼知道？對對對，她也是！她怎麼可能不是？我是天殺的異教徒，我們全家都下地獄！我什麼都承認，求你快把我放下來！」

當你一成爲宗教裁判所的嫌疑犯，就像豬進入屠夫的後院等死。最薄弱的嫌疑也像殺豬刀一樣銳利。

能怪誰呢？只能怪自己身上的肥肉，惹人流口水。

他們不會跟你說誰指控你，反正那也無關緊要，因爲就算告密者撤回指控，他也只是被轉爲僞證罪的被告，而之前他說的證詞一樣還是有效力。

你只能選擇承認，並且供出同夥。否則自白不被接受。

推動天主教信仰的正義機器，像上了油的齒輪，運作得順暢無比，不被任何理性邏輯所影響。比起理性，荒謬更能建立鐵腕統治。

如果你無罪，那上帝自然會賜你勇氣和力量，讓你撐過任何審問。既然你忍受不了皮肉痛，什麼都招了，就表示上帝不站在你這一邊，你當然有罪。

你是猶太人！怎麼可能不是猶太人？絕對是猶太人定了！

既然是猶太人，就一定曾謀殺基督徒的嬰兒，拿血來祭祀。

你一定曾經褻瀆被視爲聖體的無酵餅，讓上帝的聖子再次受到傷害。

沒有嗎？或許看到西班牙椅，你的記憶就恢復了。把你放在鐵製的座椅上，鐵環圈束縛著你的脖子和四肢，火盆慢慢烘烤你的腳。既然滿懷同情的教士僧侶那麼關心你永恆的靈魂，你認罪之後要誠心懺悔，這樣才可以被絞死，圖個爽快輕鬆。如果你膽敢認罪後又試圖翻供，在法官面前哭訴冤枉，那你就直接被送上火刑柱，讓火潔淨你的靈魂吧。

你口中吐出的那些人名，很快就要在司法的權威下面臨拘捕和拷問。

那些穿著可敬長袍的大人們，就像拈起一串葡萄似的，先抓費南迪，接著和費南迪沾親帶故的親友也一一被抓去。鄰居街坊怕惹禍上身，誰都不敢吭聲，賭咒發誓他們這輩子從來沒正眼看過這個人。

費南迪一家的醫術長年造福了城裡許多家庭，但一遇上大難，人人不詢問不深究，把頭轉開，裝作什麼都不知道。

「可憐的費南迪，除了對食物多嘴了點，是一個眞正的好人……」加西亞聽到惡耗，他那極富彈性的良心竟然開始不安：「該不會是傻兒子去告的密？」

左思右想，食不下嚥。於是他這才上教堂，想要聽聽幾句安撫精神的話語。於是這位來自北方的神父說：「我的孩子，你心中有什麼煩惱？」

加西亞喃喃述說事情經過，最後鼓起勇氣：「費南迪是眞正懂火腿、愛吃火腿的行家，他家高掛火腿的地方不是廚房而是客廳呢！我……我可以打包票。他連白毛豬黑毛豬花色豬都吃得出來，他怎麼可能是不吃豬肉的猶太人呢？」

「作假見證是有罪的。你願意上法庭嗎？」

加西亞說：「我以開了四十年酒館的經驗發誓，他是全格拉那達最吃得出火腿好壞的老饕！」

神父意味深長：「你說他是冤枉的？」

「對！」加西亞激動起來。「他頂多就是貪吃，這是七大罪之一我知道，但哪個男人長了鬍鬚後沒有一點毛病的？我想到他爺爺曾經開刀治好我爸爸的眼睛，我兒子小時候體弱多病，全靠老費南迪深夜出診才活下來。我就晚上睡不著覺，不能不幫他呀。」

「沒錯，我的孩子，我們怎麼可以讓這種冤枉人的事情發生呢？」神父的聲音像貓的毛皮一樣柔軟：「費南迪一家的確是好醫生。如果你那麼想救他，我應該可以安排。」

神父沉吟了一下：「不過，你看過待宰的豬嗎？」

加西亞：「我是賣火腿的，當然看過。」

神父說：「當動物一陷入絕望，不管你是上前解開牠的繩索，或是一刀割斷牠的喉嚨，牠一樣會把你咬得粉碎。你不怕你一攪和，反而被咬一口？」

「我是去救他的，怎麼會被咬一口呢？」

神父問：「萬一他神智不清，口中吐出你的名字呢？」

告解室的溫度突然降低，加西亞倒抽一口冷氣。

「我我我……我怎麼可能是猶太人呢？我家世世代代都是好天主教徒。」加西亞頓時像被泡到一桶冰水裡，想起他那不成材的浪蕩兒子，想起他努力建立的酒館生意，想起吊在酒館中那批火腿。

神父：「我記得你外高祖母的娘家就曾被定罪，是後來才皈依天主的呢。你們南方人哪個祖先是乾淨的？或許我可以讓教區神父再幫你查一查紀錄……」

「不，不，不用了……求求您。」加西亞覺得自己越縮越小，小到像隻老鼠，神父像貓一樣盯著他。

「那⋯⋯那⋯⋯那我該怎麼辦？費南迪因爲我店裡的火腿冤枉被抓，難道我什麼都不該說嗎？」

「嫌犯在宗教裁判所前招供的一切，是神聖的證詞，沒辦法撤回。你就算出面也幫不了他。」神父說：「給費南迪錯誤的希望，反而是最殘忍的事。我們是仁慈的天主教徒，不是嗎？」

教堂的鐘聲昂揚，外頭成群鴿子振翅飛起，告解窗傳來神父充滿無限憐憫和威嚴的聲音，加西亞點頭稱是，不由得莊重起來。

「回去念二十遍聖母經，就算地獄的火燒到你家來，也不許跟別人說起一個字。不然，連你也牽扯進來，你就像吃飽秋天橡實的肥豬，過不了今年的聖誕節。」

神父舉起手祝福：「天主慈悲。」

加西亞連忙在胸前劃十字，管他火腿不火腿，沒有比上帝更重要的事了。

費南迪死後的隔年，在被沒收的祖傳土地上，蓋起了嶄新的教堂和施粥所。鬼魂被迫噤聲，只在暗夜哭泣，而加西亞的酒館仍然掛著一大排壯觀的火腿，每天熱鬧喧嘩，酒客喝到酣處，癱軟在桌下，大著嗓門爲好酒好肉感謝上帝。

—寮國餐桌—

啤酒禪修班

寮國人知道簡單的快樂，就像一朵一朵的花。當有機會聞一下花香，千萬不可錯過，要享受當下。「這才是拈花微笑的最高境界呀！」湯米和我碰了碰啤酒罐，眨了眨眼，然後拿起麥克風。

在寮國龍玻邦，傍晚我沿著河邊散步，佛寺飛揚華麗的屋簷閃耀金光，夕陽像拔了刺的玫瑰，溫和而美麗，剛好遇到一群當地人已經喝開了，臉紅紅，笑吟吟，享受辛勞一天後的悠閒。

「來，給你。」一個微醺的大姊很熱情地遞給我一罐寮國啤酒。

他們是把老屋改成民宿的裝修工人。有的刷油漆，有的貼磁磚，有的做木工，一整個工班師傅加上工地大嫂，全都在開趴。「歡迎歡迎！」業主湯米邀我進屋，大家在剛翻修好的老屋裡，對著電視螢幕坐成半圓形。

湯米是歸國僑民，一個清爽健談的大光頭，頭腦明快，一口英語比寮語還流利，老家在首都永珍，父親是親美派政府的將軍，曾私下幫中央情報局出了不少力，七零年代共產革命後，舉家流亡到泰國難民營，透過層層老交情牽上線，最後千鈞一髮移民美國。所以他的工人有時候會戲稱他是美國回來的「敵人」、「奸細」、「叛徒」，或是「反革命」。

大家一邊喝啤酒一邊唱卡拉OK，這一首歌是男女對唱，男聲唱「我爲國去打仗」，女聲唱「你儘管去，我等你回來」，堪稱是公共集會必唱的國歌。因爲旋律簡單，情感激昂，愛國歌曲最後變成芭樂口水歌。

湯米一面翻譯歌詞，一面不置可否地挑挑眉毛，他的爸爸就是被打敗、逃到美國去的輸家呢。湯米的美國身分有點尷尬，不方便多評論，只忙著打開一罐又一罐啤酒，又招呼我吃雞爪和他從永珍買來的魚肉凍，微酸，非常下酒。

爲了壓過興高采烈的歌聲，我只好扯開嗓子問湯米：「你們多久這樣聚會一次？」

湯米說：「幾乎每天。」

我張大眼睛：「眞的假的？」

湯米說：「這是我的解決方案。」

「解決什麼？」

「寮國人非常take it slow，工程總是落後，一開始我很苦惱……」

湯米在美國生活大半輩子，基本上是根內白外黃的香蕉，一無所有的移民沒有不努力的權利，他不怎麼睡覺，張眼就拚命賺錢，閉眼就打盹補眠，從工廠打掃小弟熬到資深製程工程師，把女兒送進常春藤，栽培成聯邦政府的高階公務員，退休後開始第二人生。

「女兒不但念私立學校，住的還是單人宿舍！」他把手機裡的女兒照片秀給我看：「不過也値得啦，現在她送我的生日禮物是PRADA太陽眼鏡和GUCCI皮夾。」

「我爸媽都說我不像寮國人，」他說：「我是家族中第一個買房子的。甚至當我買了第一台BMW時，我的上司還偷偷問我薪水怎麼買得起，我聳聳肩，多兼幾份差囉。」

長年在美國這個資本主義大本營討生活，湯米白手起家，自然信奉效率和金

Beerlao

錢，現在操作民宿投資的槓桿也完全是「窮爸爸、富爸爸」那套，擴張信用抵押貸款，買屋、修屋，再租給想經營民宿的人，然後用收來的租金慢慢清償貸款，接著尋找下一個標的物。

他得意地說：「幾年下來，我在觀光重鎮龍玻邦已經有五棟房子了。」

但一開始不是那麼順利的。房地產投資講究時間效益，又要趕上觀光季，剛回到故鄉，湯米像一隻急著打卡的兔子，突然置身一群禪修的樹獺之中。

寮國沒有速食店、便利商店或大賣場，一切慢慢來。寮國人是最傑出的生活藝術家，珍惜簡單的快樂。

提著手編竹籃去逛清晨路邊菜市場，就算是一把把蔬菜，賣菜的阿婆大媽也會理得順順的，慢條斯理，把綁蔬菜的稻草梗調好，朝向同一邊，排列空間疏密有致，一串一串的螃蟹紮得像日本雜貨，一盆一盆的野菇擺得像多肉盆栽，一包一包的甜糯米包得像文創小物，一袋一袋的魚乾裝得像農青手作。

但沒有矯情假掰的故事行銷，一切只是柴米油鹽的百姓家常。

不慢活還能怎麼過活？不慢食還眞不知道該怎麼吃飯。

每個小攤子都是一個充滿美感的小世界，用綠油油的香蕉葉當綠色桌巾，一絲不亂，很有幾分日本花道的嚴謹，卻掩不住市井活蹦亂跳的生命力。攤販們好像一群深藏不露的少林寺老僧，看似疏懶放鬆，閒閒掃著地上的落葉，其實身心合一，拿著掃把也是練功。

當蒙塵的人心，不再沉浸在過去，也不妄想未來，專注在此時此刻，吃飯時吃飯，掃地時掃地，厚厚的塵垢會開始出現一道裂縫，隨著活在當下的時間越多，裂縫就越來越大，內在空間也越來越廣，光線從裡透出來。

這就是佛性。一種人我界線消融的終極圓滿。

活著。眞實地活著。可以從最平常的小事，得到最大的滿足。

需要和客人討價還價的市場小販的道行都那麼高了，我能想像獨自手工操作的師傅們一定更常進入flow（心流）的境界，身在哪裡心就在哪裡，沉浸其中，失去時間意識，油漆一面水泥牆就是打坐，刨一片門板就是行禪，在屋頂上排列屋瓦就是冥想。

他們的工作就是他們的修行，屛氣凝神，慢工細活，臨在專注，簡直進入藝術家的境界。而藝術家之所以難搞、難溝通，就是因爲他們最大的滿足來自內心，不來自外在，既然最高層次的滿足就是自我實現，他們當然難以用金錢、效益、紅利、未來獲利這些低一層次的世俗目標來驅動。

上座部佛教的青年男子按照傳統，一生中需要出家一段時日，短則數天，長足數年，因此寮國佛教的社會穿透力比臺灣強得多，不只是儀式上的展演，更屬於智識上的共鳴，甚至精神上的解放。

龍玻邦更因爲古刹佛寺衆多，端雅莊嚴，被列爲世界遺產，清晨沿路赤腳托缽的行列中，從稚氣未脫的小沙彌，到莊重的年邁僧侶都有。

佛寺承擔部分教育功能，偏遠地區的貧困子弟可以藉由出家獲得教育，就算日後還俗，也能提昇社會地位，活絡人脈。

眼前這些鬧哄哄爭著唱卡拉OK的工人師傅們，雖然是俗家人的形象，結婚生子，飲酒作樂，但一問之下，不少還眞的曾出過家，還俗後在日常勞動中，練習年少時在佛寺學會的禪修方法，在茫茫人生苦海中爲身心定錨，是再正常不過的事。

寮國是共產國家，照理說是與宗教水火不容的鐵桿無神論，卻很巧妙地把佛教和馬克思主義融合在一起。

我想可能是因爲上座部佛教對佛陀的理解，非常無神論，剝除了所有的神話和迷信，佛陀不是神，只是一個不再被妄念所奴役的凡人，一個清醒的老師，他主張人人平等，沒有階級之分。我耳邊突然響起國際歌：「起來起來，不願做奴隸的人們……」

比起歐美大學院校獲得終身教職的左派學者，這些鄉下工人對馬克思的理解，實在樸素親切多了，彷彿他是住在巷子口熱心公道的里長伯一樣。

相較競爭至上、狗咬狗一嘴毛的資本主義，共產主義這個半調子的舶來品，的確比較能融入寮國長遠的佛教傳統中，結合成一種異常合拍的意識型態，支撐當地社群的運作。又或者，當局更現實的政治考量是，與其大張旗鼓來改變甚至干擾人民的精神生活，不如直接罩上一層最粗淺的馬克思外衣即可。

意思到了就好，何必深究？

當經濟富裕許多的泰國青年漸漸覺得與其去廟裡當和尚，不如把時間拿去讀英文考托福念MBA，寮國青年反而比較傳統老派。

因此當湯米這個「美國叛徒」要他們用「法喜充滿」來交換生硬的績效，他們無法理解這是何苦來哉？晚一兩天哪有關係，不是都一樣嗎？

雙方對工作的看法，有著巨大的鴻溝。勞動動物的空餘時間只會拿來消費，花錢就是賺錢的動力。左派大力抨擊資本主義所帶來的異化和疏離，寶貴的生命被貶爲工時。對湯米來說，這只是他眾多投資案子中的一個，雇人做工不就是這麼一回事嗎？這些工人師傅笑湯米太折騰太操煩，腦袋整天高速運作，點子一個接一個，難怪長不出頭髮。

他們只是農閒時來修修房子賺賺外快，不知道PRADA太陽眼鏡和GUCCI皮夾是什麼鬼東西，但他們知道生活中除了工作和消費以外，應該還有其他意義。

他們擁有在網路媒體時代最缺乏的專注力，他們知道專心勞動，有時能窺見圓滿，被神靈觸碰。

簡直大智若愚。

悠閒慣了的寮國人不管什麼事，總愛koi koi bai（慢慢來）。若你很享受你所浪費的時間，就根本不是浪費時間。

這可就苦了湯米。

我點點頭，感同身受：「我了解，工程拖越久損失越多。」

兔子被樹獺急得想一頭撞死，樹獺仍不懂這隻毛毛躁躁的兔子爲何那麼想不開。兔子忍不住大罵：「你怎麼那麼沒效率？」

樹獺懶得回嘴：「你才沒靈魂呢。」

當這一臺賺錢機器遇上前工業時代的思維，雙方齟齬磨合多時，說的雖然都是寮國話，但骨子裡是兩套不同的邏輯。

湯米說：「後來，我想到一個辦法。」

「什麼辦法？」

「寮國人很喜歡齊聚一堂開趴……」

「所以呢？」我問。

「我宣布，只要達到每天早上訂下的工程進度，收工後就開趴，由我準備卡拉OK和源源不絕的啤酒。」

從此湯米成了最上道的老闆。大家都很有默契，慢慢來比較快，但死也要把進度趕完。

寮國人知道簡單的快樂，就像一朵一朵的花。當有機會聞一下花香、開心一下時，千萬不可錯過，要享受當下。

「這才是拈花微笑的最高境界呀！」湯米和我碰了碰啤酒罐，眨了眨眼，然後拿起麥克風。

—瑞典餐桌—

跳進仙女圈的人

對瑞典人來說，採菇點通常是從小和家人採野菇的地方，就算找到新地方，頂多也只讓家人知道。甚至有的老人覺得家裡小輩動作毛躁，嘴巴又鬆，守不住祕密，往往要老到自己沒法獨自行動了，才願意告知地點。

野菇是秋天的花，林間一小朵一小朵破土而出的祕密。

「沙沙沙沙……」我踩著軟綿綿的落葉松針，獨自拿著一本野菇圖鑑在樹林低頭穿梭，隨意行進，徐徐地把芬多精吸入肺中，一陣又一陣，冷冽清涼，讓最混濁的靈魂也清澈了起來。

正值北國瑞典的秋天。

大自然毫無保留地炫耀入冬前最後的輝煌，秋風點燃了滿山遍野，熊熊燃燒著金黃豔紅、色調深淺不一的火焰，四處長滿食物。

瑞典法律保障「自由通行權」，人人可以隨意穿越森林、草原、山谷、田野，甚至私人土地，享受秋天慷慨恩賜的美味寶藏，遍地都是冰箱，是市集，是農場，不論野莓、野菇、野菜、野果，只要能打包帶走，全都可以任意採收，先搶先贏。

秋高氣爽，趁著蕭瑟淒清的風霜雪雨降臨以前，瑞典人走到野外，展開一場全民採集運動，敞開肚皮大啖天地的精華，才可以撐過漫長的永夜。

其中又以野菇最能引起各種思緒。

我這個毫無採集經驗的「野菇處女」，看著幽暗森林裡小精靈般冒出頭的各種菇類蕈類，樹幹上的像迷你遮陽棚，地上的像圓胖小板凳，頓時頭昏腦脹，既興奮又困惑：「到底哪一些才能吃呢？」

我的採菇經驗值是零，頂多就是在臺中新社的觀光香菇園採過幾袋。

有的菇貌美如花，明豔不可方物，在幾束透過樹梢的陽光照射下，閃著誘人的光澤，我憑著清教徒般的生物本能，自動跳過這些蛇蠍妖姬，專門求訪純眞樸素的村「菇」。

但是我也不太確定大地色系的菇類，就一定對我的消化系統比較友善。我面對的是「神農嚐百草」般的考驗。

到底哪一個比較丟臉？貪吃毒死，還是貪生怕死呢？

神農氏死前的遺言是什麼？我猜是：「這玩意有毒！大家別吃呀！」

「不吃菇又不會死，何必拿自己的生命開玩笑？」我心裡琢磨，反覆看著手上的野菇和圖鑑，來回比對，驗明正身。

這些菇怎麼看都像童書插畫，越看越有鬼，突然心裡發毛，一害怕起來，索性把這些難分敵我的野菇隨手丟掉了。

看來我唯一能安心採集的地方只有超市而已。

「喂！你！」一個中年瑞典大叔遠遠看了，筆直朝我走過來，板起了臉：「怎麼可以把雞油菌亂丟？這很好吃的。太浪費了！你不想吃就不應該採，留給別人採！」

我做賊心虛，眼睛望著地上幾朵看似喇叭的鮮黃色蕈類，菌傘的邊緣還呈不規則的波浪，不太敢直視他：「吃是很想吃，問題是我不確定那些到底能不能吃呀？怕吃了會中毒。」

他口氣緩和了些，臉上寫著「這我再了解也不過了」的表情。

「只要量不多，誤吃毒菇頂多讓你上吐下瀉，吐完拉完就沒事了……」他看到我又愛吃又怕死的孬樣，哈哈大笑，但隨即又保守起來：「不過，也不能完全保證沒生命危險，因爲有些毒素會累積在內臟裡。」

他的結論還是一樣，不能亂吃。

我心想：「這不是廢話嗎？」

太古洪荒，老祖宗遊獵採集爲生，先人吃了某種動植物，不但沒死，還口齒留香，就將經驗傳承給後人。如何找、哪時找、在哪找、如何煮、怎麼吃、怎麼保存等等，這些求生指南代代相傳，點滴累積到今天，就是代表一方水土的飲食文化。

而我習以爲常的臺灣飲食文化裡，可沒有包括分辨瑞典的野菇能不能吃呀。

他無奈地看著我這張東方臉孔，擺明了就是一張野菇白紙，嘆了一口氣：

「那我教你，反正我也要教我兒子，你跟我們一起採吧。」

然後自我介紹他是哈肯。

「他是班，我的兒子。」

哈肯指了指跟在他身後一個亞洲男孩，在父親萬般鼓勵下，班緩緩走來靦腆地和我握手，一言不發，該上高中的身形，卻帶著一股剛進國小般的稚氣，軀殼裡的靈魂軟軟的、怯怯的、憨憨的，從瞳孔探出頭來。

一看就知道班心智發展遲緩，安安靜靜，他和世間的粗暴沒有關聯，也無力抵抗，哈肯的一舉一動都感覺得出來，他想好好守護兒子柔軟的靈魂。

我心想：「應該是領養的吧。」對哈肯的信賴指數頓時提高不少，心胸寬大到願意領養非我族裔的喜憨兒的男人，不會是壞人。

北歐的犯罪小說雖然黑暗又暴力，不過實際上，這裡社會運作良好到有點無聊，連電車遲到區區十分鐘就被視為混亂。

飢寒起盜心，北歐優渥的社會福利基本上把作奸犯科的動機都消滅了。

於是我立刻把哈肯當成可互動的活圖鑑，遍地茫茫菇海裡的明燈。

三人四處尋覓，哈肯目光如炬，常常像雷達一樣可以偵測到我有眼無珠而錯過的野菇，連班也訓練有素，彷彿戴了一副特製的尋菇X光眼鏡，常常在剛我走過的路徑上，照出一叢一叢我看走眼的野菇，可食用的菇多半有保護色，藏在樹根草叢後面。

我手中拿著幾種哈肯傳授的活樣本，一找到疑似可吃的菇類，就喚哈肯來鑑定。

我心裡一直有個疑惑，忍不住指著依偎著粗大樹根的一朵鮮艷小紅傘問：「這是超級瑪莉歐電玩裡面的那一種吃了就會長大的菇嗎？」

「超級瑪莉歐？」

「嗯……我也不知道在瑞典有沒有這種日本電玩……我小時候挺流行的。」我說。

「我以前在亞洲工作過好幾年，但我不太清楚，那個時候總是從凌晨忙到半夜。這種菇呢，如果我沒記錯，應該叫做毒蠅傘，吃了會讓人產生幻覺，從我們老祖宗維京人的時代開始就被當成迷幻藥。」

「迷幻藥？」

「對。據說吃了精神亢奮，刀槍不入，維京海盜打家劫舍，搶錢、搶糧、搶娘兒們前服用一些，再好不過。」

「太酷了，你們這裡嗑藥還真方便，採野菇竟然可以取代上夜店，超級High！」

豔紅色的毒蠅傘，肉敦敦的，傘帽綴著白色小圓點，可愛無比，像山中精靈的小板凳。

哈肯聽了嗑藥兩個字，臉色一變：「相信我，嗑藥絕對不方便的。」他突然很刻意改變話題，問我：「你來瑞典玩嗎？還是在哪長住？」

我說：「只是來找朋友玩幾天，後天就要去柏林。」

感覺上哈肯心裡來回盤算，琢磨了一下，才帶著我和班九彎十八拐，越來越偏離林中小徑，少有人跡，別有洞天，樹木枝葉越來越茂密，地上的苔蘚軟綿綿，像上好的地毯，我牛仔褲管都濕了。

我們大步穿過一些倒塌的舊房子，踩著以前的牆墩、掉落的屋瓦，我看到半個破敗的嬰兒床長滿青苔，還有挨著一截短煙囪的冷清爐灶。

大自然正在收回這些房子。

哈肯說：「以前住在這些房子的人，大多數在十九、二十世紀的時候，搬到美國去了。」

他高頭大馬，我要加快腳步才跟得上，氣喘吁吁。

我問：「我們要去哪裡？」

「一個祕密基地。」

「那麼神祕呀？」

「對呀。我祖父一輩子都不跟我說，直到臨死前才透露。」

「口風那麼緊，那他一開始怎麼知道那個地方？」

「很久以前決定移民美國的親戚跟他說的，反正一去美國就不會再回瑞典，所以才跟祖父大方分享這個祕密，他那時還是個小男孩呢。」

「搬去美國哪裡？」

「北歐移民多半在中西部落腳，那裡的美國人才金髮碧眼的。」

「親戚從此沒再回瑞典看看嗎？」

「沒有。親戚就是不打算回來，才願意跟祖父分享這個祕密的。」

瑞典的森林，蒼茫蓊鬱，迷霧濛濛，彷彿有神靈棲息。托爾金筆下的中土世界，大多取材自基督教傳入之前的本土信仰。

當時，舊神是活生生的，像影子一樣和人終生相伴。

直到新神收編並且取代了舊神，那些獨角獸、精靈、半獸人、巫師、侏儒、噴火龍、矮人、仙子、地精、雪怪、巨人，全被基督教的十字架驅逐到陰暗的森林深處，成爲老媼記憶中的民間傳說，夜夜從古老的故事中被招喚而來，嚇嚇不肯上床睡覺的孩子。

森林隱藏著《魔戒》裡的所有生物，棲息著《安徒生童話》和《格林童話》裡的原班人馬，甚至可以一路追溯到《北歐神話》中癲狂武勇的奧丁和索爾。

北歐壯闊嚴酷的大自然，是西方現代奇幻文學的源頭。

我眼睛還沒適應昏暗，就聽到哈肯大叫：「找到了！」

只見野菇在林間空地中長了幾個圈圈，彷彿昨夜小仙女圍著空地跳過舞。

「仙女圈！」

哈肯笑得像個孩子：「我太久沒來了，沒把握找得到呢！」

我和班走過去，哈肯叮嚀：「注意，不要走到仙女圈中間！從外側採。」

他不住說：「輕點輕點。」

三個人笑意盈盈，彎腰收穫遍地的鮮美，柔柔地把這些嬌貴濕冷的小精靈捧起，輕輕地放在籃子裡，慶祝野菇大豐收。

在北歐民間故事中，圍了個圓圈生長的野菇，是凡人和精靈之間的結界，充滿難以理解的黑魔法，千萬不可以踏進去。

一旦踏入仙女圈，偏離正規生活的軌道，就會進入一個不同的世界，風中有聲，空中有形，水中有影，永夜裡銀色的月光像金粉一樣撒下，膽敢踰越界線的凡人會遭到處罰，心神喪失，衆叛親離，遭遇不幸，被迫踩著迷亂瘋狂的舞步，跳到脫力死亡。

甚至仙女圈內時間流逝的速度也和凡間不同，少年誤踩進去，回首已是白頭。

這是北歐自古流傳的禁忌。

哈肯說：「我爺爺說他小時候就是聽仙女圈的傳說長大的。」

我點點頭：「我懂我懂，就像臺灣人不會用手指月亮一樣。」

「爲什麼？」

「會被割耳朵呀。」

「拜託！仙女圈是說給小孩聽的故事啦……」哈肯：「我是怕你們踩進去會

破壞地下菌根。」

瑞典人總是和氣又節制，彷彿隨身帶著看不到的尺，時時保持一公尺的人際界線。

哈肯的行止言談沒有多餘的動作，他和一叢野菇中間，只有最短的直線距離，好像事前計算過一樣，讓人感覺俐落又精練。

「野菇就像蘋果，長野菇的地下菌根就像長蘋果的樹，只不過眼睛看不到。如果一個地方草的顏色比較深，就代表下面長有野菇菌根。眼睛一定要放亮！」

哈肯邊走邊幫我和兒子上課，傾囊相授：「採野菇，說穿了就是經驗而已。你們知道鬱金香長什麼樣子吧？」

「知道。」

「你們知道玫瑰長什麼樣子吧？」

「知道。」

「舉個例，如果你們記得玫瑰長什麼樣，花萼向上的某些玫瑰品種很好吃，那同時就要記得有一種特別的玫瑰，花萼向下，有毒。這種例外萬萬馬虎不得，只要牢記這些例外，就永遠忘不了如何分辨毒菇啦。」

「很多人完全不採野菇，因爲不確定到底能不能吃，可惜囉，他們不知道自己錯過了什麼。」哈肯面有得色：「有些人固定只採某些跟植物共生的野菇，專攻連瞎子也絕對不會搞錯的那一兩種。」

「只要記得棲地，找到某種植物，就能找到某種菇！」我恍然大悟。

「採菇的確有點知識門檻。有些鄉下藥局很有人情味，會幫人檢查野菇，免得誤食。」

他大籃子裡的野菇形形色色，的確異常豐富。我有點好奇這位採菇高手到底做哪一行？他不只幾乎認得所有野菇種類，連季節風土也頭頭是道。

哈肯回答：「因爲我從小就開始採菇啦。」

但我覺得不只。他一說到食物就興高采烈，酷臉帶笑，滔滔不絕，我問他如何料理野菇，他隨口分享了無數種食譜，簡直手舞足蹈了。

哪種野菇曬乾可以經年保存，滋味甚至更好。

哪種菇需要水煮，先將毒素溶於水，再用叉子串著，圍爐火烤，其樂無窮。

哪種菇直接用細毛刷子輕輕掃掉泥土，和奶油和鹽炒一下，人間美味，萬萬不可沾水，一洗則萬事休矣。

哪種菇口感肥潤滑順，比肉還鮮美，產地當令才能一飽口福。

蕈類長在暗處，生命週期非常神祕，人眼看不見地下生長已久的龐大菌根，野菇一夜之間突然全冒出來，就像施了法術一樣，無法預期，只能碰運氣。

而野菇又充滿矛盾和困惑，可能好吃到吸手指舔盤子，可能一命嗚呼，也可能導致幻覺，最輕微也會上吐下瀉。

這種又愛又怕、又驚又喜的複雜情緒，全反應在仙女圈的民間傳說裡。

食物背後總是充滿了故事，哈肯話完全停不下來，看他如此熱愛野菇和烹飪，怪不得他剛剛對我隨手丟掉野菇那麼生氣了。

我後來才知道，採菇人絕對不會透漏自己的採菇點。想來他看我是來去匆匆的無知外國人，人生地不熟，完全狀況外的路痴一個，對他的風水寶地不構成威脅，才願意帶我一起去。

在採野菇的圈子裡，直接問採菇好手到底哪裡才能採得滿筐滿簍而歸，好像隨便開口要陌生人的信用卡號幫你付帳一樣恬不知恥。

每個採菇人心中都有幾個特別的地方，比祕密基地還機密，比個人帳戶還私人，比神壇還神聖。

畢竟錢借出去還能討債，一旦透漏了採菇寶地給外人，就再也收不回來了。

除非殺人滅口。

內行的採菇人摘野菇總是像照料嬰兒一樣輕輕柔柔，一旦傷害了地下的菌根結構，明年野菇就可能長不出來。

只需一個粗魯自私的混蛋，即可毀了流傳了數代的採菇地點。

大家守口如瓶。反正就是不信任外人能像自己一樣充滿愛心，讓野菇生生不息。每到野菇季節，就要掐指盤算，好搶在別人捷足先登之前，採得盆滿缽滿。

對瑞典人來說，採菇點通常是從小和家人採野菇的地方，就算找到新地方，頂多也只讓家人知道。甚至有的老人覺得家裡小輩動作毛躁，嘴巴又鬆，守不住祕密，往往要老到自己沒法獨自行動了，才願意告知地點。

我們興高采烈把籃子裝滿後，哈肯說：「我的渡假小屋就在附近。我下廚，歡迎你去我家吃野菇。」

瑞典人在鄉下有小屋，再普遍不過。我心下有點猶豫，就算一起摘了一兩個小時的野菇，隨便去陌生男人家裡，好像還是不太好？

哈肯沒看出我心裡的顧忌，自顧自打手機叫人把車開來。當我一同和父子倆走回林道，一個中年亞洲男人坐在一臺銀灰色Volvo的駕駛座裡，低頭翻著一本書。

麥可是馬來西亞華人，講得一口還算通順的中文，但和所有出身東南亞華僑的高知識份子一樣，英文已是他的主要語言。

班走上前叫了一聲：「爸！」，把野菇拿去獻寶，嘰嘰喳喳，雙手比劃著仙女圈。

我之前聽他喊哈肯「爹地」。

哈肯的個子比麥可高出了不只一個頭，兩人摟著腰搭著肩向我走來，哈肯很自然地親了親麥可的頭髮。

這種隨意的啄吻，竟然比法式舌吻還讓我心頭一震。瑞典早在一九四四年就已將同性戀除罪化，在LGBT權益上一直領先全球。

我這個鄉巴佬壓住心中的尖叫，努力裝得彷彿這輩子見慣了兩個男人親吻一樣，暗自寬了心，上車和他們一同回家，期待一頓野菇大餐。

這是麥可的第二段婚姻，班是麥可和癌症去世的妻子的兒子。

哈肯身為麥可的法定配偶，簽字收養了班，常帶著兒子去野外體驗童年的趣味。

哈肯說：「渡假小屋是我祖父親手建的，我以後打算留給班，所以常帶他來採野菇，在附近湖裡游泳。」

麥可說：「脫光光尖叫往湖裡跳，眞是無價的童年回憶呀！」

這個三口之家，是挑戰國籍、種族、性別、健康的拼湊家庭，多樣化結構的代表。

看哈肯在小屋裡的廚房身手矯健，穿梭爐邊灶間行雲流水，用最少的時間做最多的動作，一拿起鍋鏟就精神奕奕，乾淨俐落，專業架式十足，光那滾刀切菜的本領一看就知道有練過。

我想去廚房幫忙一下，也被哈肯客氣地請出來，想來是嫌我笨手笨腳。

我悄悄問麥可：「哈肯是廚師嗎？」

「沒錯，而且還是最優秀的那種。」麥可正耐心教班用清潔的乾布擦掉野菇根部微量的青苔，頭也不抬：「希望你現在不會很餓，他一進廚房就捨不得出來了。」

原來哈肯在鄉下過完「野菇達人特訓班」的童年，十三歲就去斯德哥爾摩念廚藝學校，十五歲入行，歷練數年，年紀輕輕就轉戰不同國家的五星級飯店，在吉隆坡遇到麥可。

老一輩的專業廚師生活在一個階級嚴明、男性主導、節奏緊湊迫人的瘋狂世界，追求美食殿堂的繆思女神，廚師必須奉上生命去取悅。

繆思的要求太高，凡人的精力卻永遠太少。

要在長期高壓的頂級餐廳熬下來，黑咖啡遠遠不夠。

哈肯好勝心強，爲了提振精神、排解壓力，小看了專業廚房裡比利刀烈火更可怕、更普遍的威脅——毒品。

像很多前輩大廚一樣，哈肯開始嗑藥，越陷越深。

人多麼脆弱呀，脆弱到有時候喜歡急速下墜的快感。

旁人看哈肯是事業有成的大廚，一頂高高的白色廚師帽，統領手下數十人，開口罵起人來誰都不敢吭聲，但夜深人靜時，空無一人的廚房一塵不染，他已成了毒品魔爪下的囚徒。

而麥可也是個犯人，他的囚籠就是他的婚姻。

剛聽到麥可出身馬來西亞，我就不禁心驚肉跳。

馬來西亞以信奉伊斯蘭教的馬來人爲主體，實施對同性戀極爲嚴苛的法律，毫不寬容，同性間的合意性行爲被視爲重罪，可判處多年徒刑，出櫃幾乎等於人格自殺，飛蛾撲火。

雖然大馬華人不少信仰基督教或天主教，但仍受到國家法律和社會觀感的約束，又有「不孝有三，無後爲大」的華人傳統觀念。

他自小知道必須壓抑一切，他知道自己和這個世界格格不入，他知道老實承認，只會引來神父驅魔，他寧死也不願意看到父母厭惡恐懼的眼神。

他遵循師長的指引，目不斜視，用功念書，考醫學院，熬住院醫師，披上令人尊敬的白袍。他需要肯定，就像需要空氣一樣。

麥可順著眾人期望，早早娶了個性溫婉、信仰虔誠的美麗妻子，以表示一切「正常」。妻子學聲樂，嗓音甜美，每個星期天在教會主持唱詩班，他求婚的那天，她一身白色連身洋裝，陽光從頭上的彩繪玻璃撒下，像天使一樣聖潔。

但過度崇尚所謂的「正常」，有時候會導致既不正常也不自然的結果。

麥可遇上哈肯，像一團火遇到另一團火。爲了和哈肯幽會，麥可不斷對妻子撒謊，然後耗費全副心神圓謊，在罪惡的深淵背負著沉重的枷鎖。

兩人成了隱晦幽暗的一對，分分合合，吵吵鬧鬧，黑牢裡困著兩個齜牙裂嘴的傷心人。

麥可拿出醫生的架子以死相逼，要哈肯戒毒，但是從不碰毒的乖乖牌優等生哪知道毒品的可怕！

哈肯揮著廚師的菜刀，威脅麥可離婚，不要再騙人騙己，不過西方人哪能理解東方人的面子問題和家庭壓力！

麥可說：「你知道你這樣濫用藥物是在自殺嗎？」

哈肯說：「你長期這樣扼殺眞我，難道不也是在自殺？」他又怒又傷心，對麥可吼道：「你爲什麼要那麼畏縮？我們到底有什麼好羞恥的？現在是什麼時代了？」

在暗無一絲光線的禁忌裡玩火，無數的眼淚和爭執磨損了情份，任誰都累了，尤其是麥可。他無法放下醫生工作，一走了之，更不想因爲雞姦罪被抓去吃牢飯。

麥可得知妻子懷孕後，硬著心腸和哈肯斷了個乾淨。

他是個人，人就想有個家，也應該有個家，他不知道這算懦弱還是勇敢，他只打算按照原本的人生藍圖走完一輩子。

生命最大的難題就是我們在眞正了解人生之前，就必須開始我們的人生。我們必須一直往前走，才會漸漸明白前塵往事後來成了多大的包袱。

兒子出生了，天生發展遲緩，妻子則因爲懷孕而延誤了癌症的診斷。妻子抱著兒子嗚嗚哭著，不但流淚，還心疼到流血，直到什麼都流乾了，乾癟的身子卻充斥著日益腫大的惡性腫瘤。

「我知道你和我在一起其實很難過。你忍著不說，這讓我更難過，結婚以來一直、一直都很難過。」

女人可不是傻子，有沒有被自己的男人愛著寵著，是心知肚明的。丈夫在外面找女人已經夠糟了，比這更要命的是找男人。

「妻子知道了嗎？」麥可揪著心反覆回憶妻子的遺言，這是她對他唯一的指責……

她從來不問，或許不是因爲絲毫沒有起疑，反而是因爲太害怕心中的疑問是眞的。在她人生中最美麗的那一天，她披著長長的白紗，捧花香味撲鼻，那個在親友面前，對天主莊嚴誓言永遠愛她的丈夫，從小就是個演員。

妻子值得一個愛她的男人，而他從不愛她，從不渴望她。

麥可面對她卻只被愧疚感淹沒。他努力演戲，無從分心去愛人。如果她不盡全力做個好伴侶，如果她只當他是張刷香奈兒限量包不眨眼的信用黑卡，如果她從不希冀他的愛，一切反而會輕鬆得多。

她的愛成了他的十字架，他終於懂了，這種代價他付不起，沒人付得起。前塵若煙，世事往往悲傷而沒有答案。

妻子死後，麥可把兒子帶在身邊，剛從婚姻的牢籠掙脫，但罪惡感和自責成了另一個牢籠。

「我對她太不公平了。」麥可埋頭工作，醫生面對生命的失落，不比任何人堅強，還往往因為專業養成的背景，隱隱約約把難以避免的死亡病痛視為自己的失敗。

哈肯離開麥可，彼此斷了音訊，最後因長年毒癮丟了廚師工作，失去舞臺，浮沉度日，努力振作，毒癮卻如影隨形，鬼影幢幢。

失業的唯一好處是他終於有空回瑞典老家，一向老當益壯的祖父滑雪出了重大意外，躺在病床上交代他採野菇的地點，還刻意支開祖母，要他答應火速把度假小屋祕密隔間裡的東西，全部私下處理掉。

祖父臨終前說：「所有兒孫中，你最懂我的苦衷。你祖母還在，請你不要說我懦弱，過去和現在不一樣。」

哈肯撬開祕密隔間，赫然發現裡面全是祖父和另一個男人的照片和衣物。照片裡面的他們，從年輕到老，一直笑得好開心，直到那個人在幾年前死去。

他恍然大悟：「怪不得祖父堅持採菇要自己一個人去！那片仙女圈是他們的斷背山。」

「可憐的祖母，被騙一輩子，她眞的不知道這件事嗎？」他把所有東西放到壁爐裡生火燒掉，火光映著他的臉，他爲祖父和祖母哭泣。

他這個世代眼中的同性戀異性戀就像棕髮金髮，性取向跟髮色一樣，完全沒什麼大不了，他壓根兒沒有出櫃這回事，因爲他從來不在櫃子裡。

英國作家哈特利說：「過去，是另一個國家，那裡的人，行事作風不一樣。」

祖父年輕時，瑞典就像另一個國家，他必須像野菇一樣藏在陰影之下，暗無天日，不能見光，才感到安心。祖父挺過保守年代，很欣慰地知道自己是一個終點。

了。

哈肯突然了解麥可的苦衷。他回到馬來西亞，只是想跟他說，自己不再怪他了。

麥可以為哈肯這輩子恨透了他。

兩人再度聚首，髮線上移，腰圍變寬，已是看透世情，渾身肌理鬆弛的哀樂中年。

心打破了，靈魂瀉了一地，什麼都流光了。

哈肯和麥可繞了一大圈，終於學到：「人生比想像中的短，但孤單一人時，卻總比想像中的長。」

麥可用超越醫生對病患的口吻，直接了當地跟哈肯說：「你不戒毒，我倆沒有未來可言。」

麥可不但嚴格如教練，還關懷如伴侶，哈肯有了努力的動機和理由，拿出以前統領廚房的意志力，受盡磨難和毒癮劃清界線。

看哈肯勇敢走出勒戒所，宛若新生。這下子，換麥可百轉千迴才下定決心，辭了工作，帶著兒子毅然決然搬到瑞典，出了櫃，結了婚，移了民，成了家。

光是想像華人家庭的傳統壓力，我就頭皮發麻，麥可鼓起的勇氣，可不只是一點點。還好，兒子永遠都是小孩，一派天眞，對複雜的成人世界完全免疫。

我專心聽麥可講他們的人生故事，沒注意哈肯從廚房走出，抹抹圍裙，端了一盤用酒杯蘑菇和兔肉做的前菜，一顆顆用牙籤插著，小巧鮮香，味道濃郁的彷彿摸得著，他把盤子放在桌子上：「來，先讓你們的嘴開開心吧。」

麥可嘴被哈肯養得太刁，看了一眼，不感興趣：「謝謝，但你知道我不吃兔子。」

哈肯鼓吹：「不要挑嘴啦，這隻兔子是秋天狩獵季才有的野味，有狩獵執照的鄰居送的，試試嘛。」

麥可：「你爲什麼煮我不吃的東西？」

哈肯硬了起來：「如果你在廚房比我能幹，請自便。」

麥可：「是你不讓我亂動廚房的！」

哈肯：「是你壞習慣用了都不恢復原狀！」

麥可轉頭對我抱怨：「看吧看吧，若同性戀也有權利去體會婚姻裡的各種不爽，可能就不想結婚了。」

「這年頭可能也只有同性戀想成家吧。」哈肯故作沉思道。

他指了指盤子裡精巧如玩具的前菜：「我早知道你還在哀悼你八歲時養的兔子朋友，你吃這一邊的吧，裡面是栗子。」

兩個中年大叔爲無聊小事拌起嘴來，麥可總佔上風，令我有點驚訝，像看到一隻哈士奇對一隻博美犬搖尾稱臣。

瑞典人固然金髮碧眼、體態高挑，走在路上幾乎個個都是俊男美女，但長年生長於冰天雪地，難免嚴肅了點，男生硬梆梆像根木頭，沒什麼幽默感，丟到火裡還是悶聲不響，女生則是冰山美人。

雖然缺了點春暖花開的熱情，但瑞典人願意給非我族類的流亡難民和自己一切平等的公民權，大肚大量大格局，國際援助慷慨大方，人權立國，舉世仰望。

不過一提到採野菇的祕密基地，講究四海一家的瑞典人就算上了刑具，嚴刑逼供，連對鄰居摯友也寧死不透露，小裡小氣小心眼。

而別的瑞典人竟也覺得這種吝嗇再自然也不過。

「這眞是太有趣了。」我忍著笑對麥可和哈肯提到這個可愛的矛盾。

哈肯說：「這有什麼好奇怪的？人權和平等是近代社會的產物，而覓食行爲最能表現出我們古老的生物本性，早在我們的人猿老祖宗還在非洲狩獵採集時，就有這種默契了。」

他根本是長了兩條腿的飲食文化百科全書：「對瑞典人來說，家人，就是一起採野菇，殷殷告誡你如何分辨毒菇，分享祕密採菇的地點，然後一起料理野菇，吃野菇。」

麥可起身往壁爐裡加了幾根柴火，火光映著每個人的臉。人生伴侶說穿了，就是一起睡覺吃飯。在馬來西亞，人們只譴責他們想同睡一張床，在瑞典，人們尊重他們就是想圍著一張桌吃飯。

少量多樣的野生食材讓哈肯磨刀霍霍，雖然他說渡假小屋的廚房設備太陽春，他已經很節制、很家常了。

兩人坐在橡木餐桌的兩端，垂首乞求天主賜福這頓野菇，抬起頭來，相視而笑。

晚餐無疑是秋季盛宴，哈肯的廚藝平淡中見高超，不顯山露水，只彰顯原味，信手拈來都是菜。牛肝菌、高腳菇、松乳菇一一上桌，或配著切片土司，或入湯，那種鮮美醬汁讓我想吸手指舔盤子，最後人人一碟新鮮野莓當甜點，爲這場大地美饌畫下句點。

在我眼裡會下廚洗碗的男人最性感，我開玩笑地跟哈肯感嘆他「名花有主」，抱怨這輩子沒機會嫁給他了。

他謙稱：「食材好，味道當然就好。野地採集的野菇可是最高級的食材呢。賣到斯德哥爾摩的餐廳去，一公克不知値多少克朗！」

這對伴侶手牽手一起跳進仙女圈，挑戰禁忌，勇敢踏入一個全新的世界，幾經磨難，歷劫歸來，圓腹禿頂，已非鮮肉少年。

情人間的乾柴烈火，已經調降溫度火候，變成家人間的鍋邊爐火。

世事無常，所謂的家人，就是不論疾病或飢餓，日日夜夜一起分享食物的人；就是你老態龍鍾時，最在乎你牙齒掉了只能喝粥的人；就是在你久病床前削蘋果皮的人；就是你到了生命盡頭，你仍擔心有沒有餓肚子的人。

縱使亙古長夜，唇齒相依是人類之所以爲人類的一絲曙光，這樣的接納與關懷，我們叫做「愛」。

而愛，是不加害與人的，所以愛就完全了律法。律法的總結就是愛。（新約聖經・羅馬書・第十三章第十節）

—印尼餐桌—

香料、金錢與上帝

「香料、金錢與上帝！」是開啟大航海時代的三大動機。難以置信，香料說穿了，也不過就是區區帶有特殊味道的種籽、樹皮、根莖葉而已。對香料的痴迷，最終卻讓人類建立了以金錢為中心的體制。

威廉問我：「你知道爲什麼我們荷蘭人的鼻孔那麼大嗎？」

「咦……有嗎？我不知道。」

他自顧自地大笑：「因爲空氣是免費的！不用付錢！」

在印尼旅行時很常遇到荷蘭人，彷彿他們一出了阿姆斯特丹機場，全部先跑來印尼集合了。旅客要去的景點都是一致的，沿路撿到的荷蘭人越來越多，到了湊一湊可以包車的程度，爲了方便省錢，乾脆一起行動。

眞有點奇怪，明明在亞洲，整車卻只有我一個亞洲人，其他幾乎是金髮碧眼、人高馬大的荷蘭人，一起被路面顛簸得七葷八素。

「咚咚……」我聽到後座頻頻傳來撞到頭的聲音，一臉同情地轉過頭：「座位太小？」

威廉一邊揉著頭一邊打哈哈：「不，是我個子太高。」

「對呀，是他腿太長的錯，不關座位的事。」安娜附和。

他們很有默契地改說英語，反正英語幾乎像荷語一樣流利，只是有時候夾雜語音上揚的「YaYaYa」來加強語氣。

荷蘭人是很不錯的旅伴，話說得直接，帳算得明白，不論是窮學生，還是休假中的高薪專業人士，人人精打細算，兩條牛仔褲一個背包走遍天下，態度開放而自由，沒有原裝進口、令人難以消受的優越感，也沒有太自我中心的僵硬價値觀，像水一樣可以裝在各種形狀的容器裡。

商業立國的民族特質就是靈活善巧，大海一樣開闊，四通八達。

我有感而發：「荷蘭人就像改良過後的德國人，一樣精確務實，不過機伶多了。」

「太機伶了！」安娜說：「自古荷蘭人在外，沒節操到全歐洲出了名。不管是中國皇帝還是日本將軍，要跪就跪，要叩頭就叩頭，腰桿子柔軟，膝蓋骨有彈性，千里經商只爲財，有錢賺比較重要。」

威廉開玩笑：「喔不不，比起德國人我們改良太多了，你不知道我們的醫療生物科技多麼發達嗎？」

更令我驚奇的是，比起我對印尼的懵懂，他們常常流露出異常豐富的知識。

我問：「這是因爲荷蘭殖民印尼長達三百五十年，你們對印尼有天生的熟悉感，所以才那麼多人選擇來印尼旅行嗎？」

他們彼此對望一眼：「可以這麼說，Ya？」

威廉說：「不過，也有人因爲很清楚殖民時期幹過什麼好事，罪惡感深重，遠遠避開印尼。像我祖父年輕時還曾和蘇卡諾的人馬交過手。」

我說：「所以你祖父再也沒來過印尼？」

「沒有。他返國後，越來越覺得殖民歷史充滿血腥，很後悔參戰。過去我的家族一直都有人在爪哇經營生意，擔任公職，甚至還有家族墓園呢。」

我說：「那是國際情勢和社會輿論不同了。每個時代有每個時代的道德觀。」

「是呀。」威廉自我挖苦：「白種人開始表面上把黃種人當人看，也只不過是上個世紀的事。」

安娜可能顧忌我，對威廉說：「嘿，玩笑別開太過火了。」

威廉說：「這種話你不能說，但我能說。因爲我自己也有亞洲血統呀。」

我問：「你們接下來要去哪裡？有什麼計畫？」

威廉和安娜說：「先去峇里島看騎腳踏車的荷蘭人石刻，接著打算去蘭島（Run）。」

我問：「蘭島上有什麼？」

「什麼都沒有。」

我問：「那爲什麼去那裡？」

「就無所事事躺在椰子樹下看書囉。」

安娜若有所思：「算是一種歷史情懷吧。」

他們甚至還會講印尼話！不只是「你好多少錢我要買一個謝謝」之類的觀光用語，威廉能和司機討論大選結果和國際油價的連動關係。

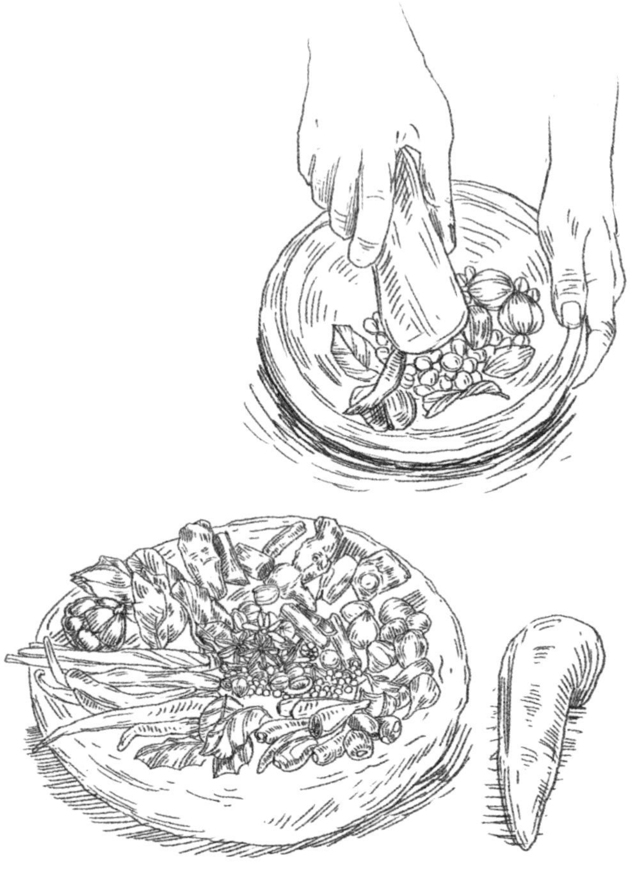

在餐館或小攤子點菜時，還可以跟我解釋菜單上的食物是什麼，怎麼樣的味道，甚至如何烹煮，七嘴八舌，Ya來Ya去，說起蝦餅、印尼炒飯、椰奶糕、香料雞湯、沙嗲肉串、天貝、牛尾湯、牛肉丸等當地食物，一個比一個更在行。

在街頭市井的攤販大媽眼中，我最像本地人，有的還會親熱地叫我一聲娘惹（**nyonya** 土生華人），我卻是所有人中對印尼最無知的一個。我知道的印尼就是包著頭巾、照顧阿公阿嬤的移工姊妹們的故鄉而已。

印尼由一萬多個島嶼組成，風貌多元。

幾頓飯下來吃得我腦中雷達大響，紙上得來終覺淺，知識尚可由課堂獲得，但一說起食物的那種深情款款，就不只是書面的生硬理解，而是深層的情感連結了。

原來，荷蘭殖民結束後，許多印尼人舉家移居荷蘭開設餐廳和小館子，這是印尼菜國民化的第一步，如今超級市場賣的印尼食品也隨處可見。

「但和殖民檔案中那種充滿異國風情的蘇丹盛宴一比，還差遠了呢。」威廉說。

當印尼還被稱爲荷屬東印度群島的時候，曾經給荷蘭飲食開了一扇窗。

新教徒把食物純粹當成塡飽肚子的工具，膽敢在食物上面花太多心思，不但鋪張浪費，更是放縱食慾，冒犯上帝。

「我們的傳統菜餚很平淡。」安娜說：「餐桌上不是馬鈴薯燉這個，就是馬鈴薯煮那個，偶爾仰頭拎著條鯡魚尾巴整條呑下肚，就很了不起啦。」

荷蘭人務實，把所有的創意都放在賺錢上面，商業動物咀嚼起帳本裡的數字，更有滋有味。橄欖油只是藥用處方，連大蒜都太嗆而敬而遠之，餐桌上人人嘴裡淡出鳥來，無聊透頂。

印尼遠在天邊，不受荷蘭本土假道學傳統的制約，又是商人主政，有錢好辦事，珍禽異獸，奇花妙果，從來沒看過的熱帶物產，一一送上餐桌。「天呀，還用各種香料入菜，多麼奢侈！」

威廉的眾多祖先一踏上巴達維亞（今天的雅加達），天氣炎熱，先鬆開了領結，吃到這裡的菜餚，再鬆掉了褲帶，嗆辣的香氣直衝腦門，各種滋味在唇齒間蹦跳狂歡，彷彿守身如玉的宅宅，突然掉進酒池肉林一樣，比看到表情猙獰的爪哇面具還震撼，味覺被挑逗撩撥，胃口大開，盡情享受生命的原始樂趣。

先把各種香料用石杵石臼搗成泥，是煮印尼料理的起手式。

這些驚嘆反覆出現在十七、十八、十九世紀的遠東記述裡，私人日記、信件、電報、國家文件、航海日誌、貿易協同，甚至持續到二次世界大戰以前。

我們一起去爬火山看日出，一起下硫磺礦坑看藍色火焰，一起追水田裡成群搖搖擺擺的鴨子，一起逛菜市場，邊吃攤販小吃邊灌椰子汁，還是被辣出眼淚來，坐在椰子樹下吐舌頭，看婆婆媽媽提著剛買來的菜蔬魚肉，乘涼閒話，再進廚房生火煮飯，炊煙陣陣，家家戶戶傳來用石臼舂香料的聲音。

「咚咚咚……」

香料要現搗的才夠味。

可惜石杵石臼太重了，不然我眞想帶一組回家。

威廉閉眼：「這聲音對我來說再熟悉不過了。我外婆的媽媽留下的老食譜，全都要用到石臼。」

區區一小撮香料，就可讓菜餚增添生猛鮮活的個性。

印尼幅員廣大，味道隨著地區不同，千變萬化，但幾乎都以香料爲基底，起手式總是先把乾燥香料慢火炒香，和新鮮香草一起丟入石臼中，用石杵搗爛，細心磨成糊，然後起鍋，將香料糊放到鍋子裡，用椰子油爆香，逼出香味。

「尋找香料和基督徒！」荷蘭國土雖小，海洋卻無限寬廣，三百多年來不斷外派人員到印尼，上至行政長官、神職人員，下至會計文員、技術工匠、水手裁縫，今日每個荷蘭家庭如果追溯起來，起碼總有某位祖先曾在印尼暈過船、開過葷、嚐過鮮，吃香喝辣，然後兩眼迷醉，帶著嘴角油光返鄉，老來仍回味無窮地說給子孫聽。

就像日本灣生一樣，很多曾在印尼度過童年的荷蘭人仍然長壽健在，甚至和威廉一樣是荷印混血。

比起臺灣，印尼離荷蘭的心理距離近多了，雙方交流頻繁，每年很多印尼學生前往荷蘭留學，幾乎每個荷蘭人都有印尼移民第二代、第三代的朋友，也常在附近的印尼餐館吃飯。

我說：「不過荷蘭是小國，人那麼少。怎麼管理那麼龐大的殖民地人口？」

安娜說：「簡單。把人關在無形的體制裡馴養。想要吃上一口飯？那就乖乖聽話，不然就餓死。」

所謂的殖民主義，並不是白人主子拿著鞭子天天叫罵，威脅原住民做苦工。而是先軟硬兼施，剝奪各個社群原來的生計，把所有資源收納到一套自己發明的制度裡，分層管理，環環相扣，長年累月滲透洗腦，逼迫殖民地人民不得不依賴這個制度過活。

讓棕色或黑色的人戴上無形的枷鎖，互相牽制、監視，不出一點差錯，只能日日流下血汗，低頭默默工作，終生認命爲僕爲役，甚至引以爲榮，就算有奴隸不服，自然有高一層的奴隸來收拾，不勞主子親自出馬，還會爭先恐後來跟主子告密討賞。

而主子當然牢牢掌握金字塔頂端的位置，隔山看馬相踢，用精緻瓷器喝人血吃人肉。

「這個剝削的制度爲荷蘭累積了大量原始資本。」安娜搖頭。

「當好人、說好聽話自然容易。」威廉不置可否，拷問安娜：「那如果有時光機可以回到過去，而你也有辦法阻止祖先們的罪行，你會去做嗎？」

安娜一時說不出話。

「的確。」我說：「你的祖先給了你很多你習以爲常的優勢。」

「歷史沒有如果。」安娜說：「而且，當時的趨勢就是列強彼此競爭，就算荷蘭人現在不來印尼，西班牙人、英國人、法國人也絕對不會客氣。」

我說：「所以，既然這塊肥肉在這裡，與其留給別人吃，不如你自己先吃了？」

「可能人的本性就是如此吧。就像現在印尼剝削境內的新幾內亞島上的土著一樣惡劣。」安娜歎道。

「我們都是掠奪者的後代子孫。」我說。

安娜的學識未免豐富過頭，讓我狐疑他們到底是做哪一行的？

安娜說：「我們之前才做了一系列關於荷屬東印度公司的紀錄片。」

我說：「你們在哪裡工作？製作公司、獨立製片，還是……」

「電視臺。」他們兩個異口同聲。原來安娜學的是歷史，在電視臺當研究員，威廉是導演。

精良的紀錄片靠的是一整個研究團隊在題目的背後爬梳、整理、歸納，找出方向和亮點，兼顧知識性和娛樂性，既要能刺激腦袋又要吊人胃口，梗梗相連到天邊，一稿二稿三稿四稿，不斷打磨腳本，接著才影像化。

我羨慕得快流口水：「這眞是歷史迷的夢幻工作呀。」

「這年頭，高規格的紀錄片常常需要重現歷史場景，跟拍電影沒差多少。」

威廉還幫安娜自誇：「主持人有時候靠名氣，出的只是一張漂亮的臉。研究員出的永遠是腦袋。我們節目的腳本滿受歡迎的，甚至可以賣到別的國家去呢。」

安娜：「說到臺灣，我們之前有一集是探討掛在祖母客廳牆上的蝴蝶標本怎麼來的……」

我插嘴：「臺灣在六七零年代曾經大量出口蝴蝶。」

「沒錯沒錯。」

我說：「喔……對了，臺灣也曾經是荷蘭殖民地呢。」

安娜突然有點窘，不知怎麼接話，最後囁嚅道：「嗯……我知道。我很抱歉。」

我連連搖手：「不會不會，那是很久以前（三百多年）的事了。」

威廉聳聳肩，哈哈一笑：「這就是身爲白種人不得不背負的罪惡感。畢竟我們活在政治正確的世界裡，對吧。」

安娜回頭白了他一眼。

威廉依然嘴賤，雙手一攤：「拜託！如果你是男人的話，你甚至還要背負父權社會壓迫女性的罪惡感呢。」

他做出背負的動作，再按摩自己的頸背：「唉……害我肩膀好痛。」

我看他說得坦白，笑說：「這眞是另一種『白種人的負擔』呀。」

他說：「我有好幾位母系祖先來自印尼，嚴格說來我不算純粹的白種人啦。」

歐洲基督徒打從心裡相信，自己給有色人種帶來「文明和救贖」，用上帝福音解救土著的靈魂，用殖民體制來鍛鍊土著的懶骨頭。

傳播信仰是多麼重大的責任！白種人勇於一肩扛起，自認十分堅忍高貴。

當年祖先負擔的是「教化野蠻人的責任」，導致子孫今日負擔的是「祖先的罪孽」。

雖然一樣是負擔，意義卻大不相同了。

荷蘭自由開明、維護人權的國家形象，是二十世紀下半才建立起來的。在漫長的殖民時期，鐵拳鐵腕鐵石心腸，暴虐嗜殺，滅村屠城完全不當一回事，棕色或黑色的人命也不過是帳面上的數字。

就連二次世界大戰後，面對印尼獨立狂潮，荷蘭捨不得吐出吃了三百多年的肥肉，仍吃相難看地調派重兵鎮壓，直到被國際譴責孤立才罷休。

我問：「那就你們自身經驗，印尼人對荷蘭人的觀感怎樣？」

「他們對我們很友善。」

我點點頭：「印尼人的個性普遍說來很溫和寬容。」

威廉諷刺：「眞是太寬容了。」

既然繼承了祖先的資產，就只好一起承擔祖先的罪孽，彷彿贖罪似地，荷蘭和印尼之間長年進行官方或非官方的援助和合作。印尼上層菁英對阿姆斯特丹的了解，說不定比自家偏遠小島來得多。

威廉問：「但從另一個方面說，這樣彷彿把印尼人當小孩，需要我們指導，這不是更不尊重人嗎？」

說著說著，他又蹲在地上跟市場小販隨口問起斤兩來。

荷蘭人節儉踏實，愛面子這毛病找威廉治療準沒錯，看他買路邊攤也熱衷討價還價，我說：「威廉印尼文那麼流利，殺價眞是太方便了。」

安娜說：「有錢人就是斤斤計較才變有錢的。」

我說：「喔，威廉家很有錢嗎？」

安娜說：「我也是做這個專題以後，才知道威廉他們家是舊錢（old money），靠香料貿易起家，和印尼的淵源非常深，家族財產幾百年來在股市中利上滾利，利上加利……金錢完全不眠不休呀。」

「那還這麼摳門，眞不是我想像中的有錢人家子弟。」我說：「我知道你們是荷蘭人，但在臺灣如果男生要女友那麼徹底各自買單付款（go Dutch），連幾千印尼盾也要算，回去八成要跪主機板……不然就是快分了。」

「本來就該精打細算，財富建立在帳本和槍砲上。」威廉回嘴：「以前想賺大錢，男人一學會算帳和用槍，就出海前往亞洲闖蕩。」

我說：「所以你才有那麼多老祖母曾祖母高祖母是印尼人？」

「不管是當商人還是軍人，光棍小伙子到異地打拚，通常先結識幾位當地望族女性，幫忙擴展人脈做生意，等事業有成後，再回荷蘭娶千金小姐當太太。」

「男人都是豬。」我忍不住翻白眼。「算是各取所需囉。」威廉說：「生下來的混血小孩也過得很好呀，舒舒服服，透過父親和殖民當局關係緊密。而且，富有的當地女人不見得都樂意和荷蘭男人結婚，有時會猶豫再三。」

「這倒是眞的。」安娜說：「按照當時的荷蘭法律，丈夫有權完全控制妻子的財務，當地女人只當情婦反而得以保有自己的資產。」

威廉說：「婚姻是最窮凶惡極的賊。」

我拍手大笑：「換句話說，老娘如果是個富婆，除非各有算計，不然我何苦嫁個荷蘭老公來合法搶劫我？」

「沒錯沒錯。」威廉說：「印尼傳統建築的主屋叫做母屋（rumah ibu），男人流水般來來去去，女人是永恆的大地之母。我幾代以前的老祖母們不是可憐兮兮的蝴蝶夫人，她們都是掌握大權的家母長，能幹得很，不管是錢還是性，比同時代的荷蘭女性自由獨立多了。她們自己甚至也是成功的香料商人。」

荷蘭男人的職位再高，仍是領公司薪水、看上司臉色的雇員，想發財非得自己私下做生意不可，而人脈和本錢在當地討個老婆就全有了。

婚姻本質就是買賣和結盟，既然大家都是生意人，就把生意做到底，夫妻間明算帳。荷蘭男人與悍妻過招，鬥智鬥力，母親從小調教女兒算數經商，自然也教導女兒如何把錢藏起來，不讓男人找到。

荷蘭男人雖然有教會和法律撐腰，不過本地女人是地頭蛇，手握資金，熟門熟路，把和荷蘭男人的一段情也視爲一門生意，透過丈夫或情人得到當局保護，甚至充當白手套洗錢，並將經商獲利轉投資在地產和其他物業上。

安娜說：「夫妻之間的財產紛爭，法律層面固然丈夫占上風，不過，白種人在東南亞水土不服，隨便得個什麼病早死，哼哼，也沒人懷疑到太太頭上……很多貿易港埠是由三嫁四嫁五嫁的精明寡婦主導建立的。」

我說：「看在這些本地女人的眼裡，她們應該覺得歐洲男人全都瘋了，為了些種子樹皮，那麼失魂落魄，機關算盡。就算氣味特殊一點，也不過就是平日見慣的花草樹木，搗一搗煮菜調味罷了，拜託到底有什麼好搶的？」

「哈哈。這就是我們接下來打算去蘭島的理由。」

我問：「蘭島有什麼特別的？」

「那裡是肉荳蔻戰爭的發生地！」

香料自古是國際貿易的主力商品，輕省不占空間，可長久保存，容易長途運輸，又是用了就沒了的消耗品，產地神祕，取得困難，給了中間商上下其手的暴利空間。中世紀時，胡椒、肉桂、肉荳蔻、丁香等香料，除了調味和防腐以外，術士醫生們還謠傳可以治病防疫。其中又以肉荳蔻最驚人，竟能治療黑死病！

簡直是救命仙丹來著。只要想像賈柏斯躺在病床上，會多麼願意為了癌症新藥，毫不眨眼地砸下蘋果公司的全部產值，就可以知道當年在黑死病的威脅下，死神拿著大鐮刀步步逼近，歐洲人如何嚇得狂買肉荳蔻保命了。

肉荳蔻被哄抬炒作，貴如黃金，歐洲人爭相揚帆出海，尋找新航道，大打出手，攤開地圖，像切豬肉一樣，四處占地為王。

除了英國占有的蘭島以外，產肉荳蔻的島嶼全被荷蘭控制，荷蘭為了不讓肉荳蔻的商業機密外流，還把島上原住民屠殺精光，重整生意，追求效率，就像公司解雇冗員或報銷廢料一樣。

成熟的肉荳蔻果實是嬌豔的紅色，沾滿鮮血。上帝永遠站在歐洲白人這一邊，安撫他們白色的良心。

若是孤門獨市的壟斷，肉荳蔻就任由荷蘭坐地起價，但可惜英國存心對著幹，打壞荷蘭的算盤，於是雙方注定幹上一架。

貨眞價實的商業戰爭開打，船隻間大砲轟來轟去，纏鬥不休，最後打累了終於簽訂合約，英國很不情願地交出蘭島，跟荷蘭換一小塊位於北美、被稱為「新阿姆斯特丹」的沼澤地。

現代英文中只要和荷蘭有關的諺語，意思通常有點陰損，多半源自這個時期的荷英海上爭霸。

英國不愧是英國，老奸巨滑，雖然丟了蘭島，卻偷偷把肉荳蔻帶到加勒比海小島種植，市場供給一多，價格自然大跌，肉荳蔻的傳奇地位從此一瀉千里。

讓荷蘭人吃了大虧不說，英國人還把北美那塊鳥不生蛋的沼澤地改名字，就是今日資本主義的大本營「紐約」。

紐約曼哈頓的高樓大廈連成天際線，而蘭島今天長最高的還是椰子樹，小到沒被標在印尼地圖上，有興趣去的觀光客幾乎都是荷蘭人，千里而來只爲躺在樹下發呆曬太陽，遙想祖先這筆虧本的香料生意。

印尼是荷蘭人逝去的黃金夢土，香料對於曾飄洋過海的殖民統治階級來說，是異域珍饈的懷舊記憶，而對於沒出過遠門的普羅百姓，則是讓人做白日夢的美食想像。

歐洲人開始殖民事業的源頭，就是香料。從揚帆啓航找尋香料那一刻起到今天爲止，即是資本主義一路發芽、生根、茁壯，從「賺錢就是榮耀上帝」轉變成「金錢就是上帝」的旅程。

經商獲利在中世紀並不被教會接受，務農耕地才是正經營生。當海權時代來臨，善於與海爭地的荷蘭人漸漸意識到，海洋就是他們的田。

宗教改革之後，新教徒念頭一轉，財富不再是罪惡淵藪，追逐利潤不再是貪婪的慾望，反而是美德的彰顯，理性的發聲。

根據韋伯的《資本主義與新教倫理》，新教徒開始相信自己有著「天職」，以專業謀取經濟上的成功，白手起家，掙來的榮華富貴是上帝的安排。

擁有工作倫理的人，才能發家致富，因此商人備受敬重。

從此生意做得心安理得，賺錢就是榮耀上帝。賺大錢得永生！

「上帝造海，荷蘭人造陸。」荷蘭長年爲了治水，發展出權責相符、就事論事的士紳合議政治，不買專制王權的帳，畢竟如果堤防沒修好，海水不會給任何人面子。

對宗教自由的容忍和對私人財產的保護，吸引了各路人馬，海洋的子民隨著無數船艦遠征，催生了複式簿計、股份公司、金融業、保險業、股票交易所等等新概念，刺激投資，全民向錢看，活化了資本並且累積了資本，然後再驅動資本進行高度運轉。

野心、創意和才智倍受獎勵，人類趨利避害的本性被激發到極致，現代資本主義從銀錢清脆聲響和香料磨擣聲中誕生。

金錢像上帝一樣創造萬物，驅動萬物。

荷蘭是老牌殖民宗主國，地球村的先鋒開拓者，今日世界的接生婆。雖然隨著香料廣為傳佈和種植，逐漸褪去神祕面紗，市價大跌，但陸續有砂糖、黑奴、棉花、烈酒、咖啡、茶葉、橡膠等各種利潤豐厚的商品，一個接一個上場，讓原本以香料利潤為中心所建立的跨國交易網絡，更加穩固活絡。

全世界的香料產地或集散地，都有昔日殖民者的影子，一切紛擾皆由香料而起，往事並不如煙。幾百年前歐洲人瘋狂追逐香料，追求暴利，等香料的迷霧散去，「那隻看不見的手」撥雲見日，迎面而來的是一個金錢主導萬物的新世界。

「香料、金錢與上帝！」是開啓大航海時代的三大動機。難以置信，香料說穿了，也不過就是區區帶有特殊味道的種籽、樹皮、根莖葉而已。對香料的痴迷，最終卻讓人類建立了以金錢為中心的體制。

香料讓金錢成為了上帝，幾乎操縱所有人的一生，就像只需一小撮香料，即強勢決定了鍋中料理的味道一樣。

—印尼餐桌—

割稻時的感謝咒語

不管文化還是宗教，反正就是生活，好像喝水吃飯一樣自然，鄉間很多農夫在收成金黃稻穗時，不會忘記唸咒語，感謝稻米之神，不但道謝還要道歉。他們彎著腰，吟詩一般地對金黃稻穗低唱：「不好意思我們要拿鐮刀割下稻穗了喔……」

爲了避開中午的烈日，熱帶國家的一天都開始得很早。

印尼的早飯眞的是飯，紮實的米飯。其實午飯晚飯也是。綜合什錦飯（nasi champur）一點就是一盤，各色少許菜餚，佐以巨量的白飯。

最陽春的攤販一大早就煮幾道菜放著，等客人上門來，配上蝦餅和幾片黃瓜，幾匙辣醬還有很多很多的飯，一天不管什麼時候都能吃，反正天氣那麼熱，冷飯冷菜不是剛好嗎？而豪華版的，自然一整盤滿滿的魚呀、肉呀、沙嗲串呀，堆得連飯都看不見，觀光客關在冷氣室裡吃熱飯熱菜。

印尼人不煮飯，而是蒸飯。在柴火上擱了一個鍋子煮水，鍋子口放了一個竹篩，把浸泡一晚的米放在竹篩上，再用鍋蓋蓋起來，用水蒸氣把生米蒸熟。竹篩裡的米飯，粒粒分明，口感不像臺灣的米那麼Q黏，我還看過有人可以像甩鍋一樣翻動米飯。

「拜託飯少一點，再少一點！」我在小攤吃早飯時，搶在盛飯前，跟過於大方豪爽的老闆比手畫腳。一個老先生在旁笑了笑，幫我吩咐了幾句，那盤堆得尖尖的米飯總算少了四分之三。

「謝謝。」我呼了一口氣：「不然實在太多了。」

他說：「吃不完太罪過了。」

我說：「哈哈……我們都說浪費米飯會被雷公劈死。」

「那麼戲劇化！」他哈哈一笑：「我們想吃米飯，也要唸咒求神庇佑呢。」

看他溫文儒雅，說得一口好英文，我猜想：「他應該是位文化人吧。」一問之下，他果然是製作皮影戲偶的匠師，我兩三口扒完飯，跟去看他工作。

爪哇中部的日惹仍然保留王室，高高在上的蘇丹自然講究體面的排場，儀式典禮，宮殿庭園，在在需要人力維護，因此王宮週遭住了很多家臣與家僕，藝術家以及工匠，自然形成一個傳統藝文社群。

「我們侍奉王室已經好幾代了，不知多久以前的祖先就開始雕刻皮偶。只要排班去宮裡當差，就可以不用繳房租住在蘇丹的產業裡。」

從家族姓名就能得知，他家是王室御用皮偶雕刻師，家學淵源。我請教他尊姓大名，他吐出一個奇妙的音節。

我問：「所以，您的姓名是『皮偶』的意思嗎？」

他說：「不，是『記述』的意思。」

我疑惑：「記述？我還以爲起碼會是『雕刻』呢，您又不是作家。」

他耐心地說：「不管是記述，雕刻，寫作，或是皮影戲，終究都是說故事的藝術呀！」

說故事（storytelling）！這下我就完全懂了。

聽故事和說故事是人的本能。不過我總是忘了，比起戲劇的歷史，文字根本只是小兒科。書本進入大衆視野，不過一兩百年，歷史長河中絕大部分的人都是文盲，文字哪比得上幾千年來戲劇顛倒衆生的魅力。

皮影戲的皮偶由水牛皮製成，各路神仙英雄在他的刻刀下，慢慢地，有了手腳可以奔跑，手上還舞著刀劍，衣帶飄飄，瓔珞閃閃，莊嚴英偉，眼波流轉，肌理也豐潤了起來。等塗了色、上了漆，粉墨登場，臺上燈光一打，樂隊一奏，映在螢幕上的影子立刻活靈活現，神靈降世。

口傳的故事有了形象，就像孤魂找到肉體附身。

我看他垂下眼皮專心雕刻皮偶，一時好奇地問：「您爲什麼把臉空著？」

師傅說：「臉我都留到最後，等時候到了，只在一大早起來神清氣爽時才刻。」

我：「是因爲手比較穩嗎？」

「不但手穩，心情也平和。」師傅抬起了頭，正色說：「一刻了臉部表情，特別是眼睛和嘴巴的線條，皮偶就像是活的。所以要選在清晨，把心靜下來，儲備內在的力量，才能給皮偶注入生氣。」

「就像開光一樣。」我眼睛一亮：「臺灣的神像師傅給神像一點上眼睛，原本的泥塑木雕就成了神靈，不可不敬。」

他點點頭：「沒錯沒錯，就是這個感覺……像給予生命。」

我頓時覺得眞妙——老天鵝呀！聽他說這話，他眞的是穆斯林嗎？

在伊斯蘭教中，只有眞主可以給予生命，穆斯林不燒香，不算命、不迷信，不使用咒語法術，崇拜偶像更是瀆神的大忌。

因此不描繪動物或人物，久而久之，發展出以花草和幾何圖形爲主的美學。

這位皮雕師傅對皮偶的態度，與其說是穆斯林，反而更像他幾百年前信仰印度教的祖先。皮影戲演的多半是印度神話故事，主角不是天兵天將，就是各路神仙，移山倒海，飛天遁地。

上演皮影戲需要完整的樂隊，唸口白的、操作皮偶的，燈光和後勤全加起來，起碼幾十個人，演出時所有人都按品大妝，穿戴傳統衣飾，盤上髮髻。現在雖然只是娛樂，不過徹夜演出那一場一場的熱鬧，原始目的卻是爲了酬神和娛神。

皮偶自然充滿神性。皮偶經年累月的使用，沾染了人的汗水和油漬，彷彿眞的有了自己的聲音和氣息。保存良好的話，水牛皮製的皮偶壽命可達百年，製作時有很多禁忌規矩，師傅下刀時無不屏氣凝神，他說：「做工精良的古董皮偶一摸就知道，你彷彿可以感到上一代師傅當年遲遲不敢吐出的那一口呼吸。」

印尼一直到十四五世紀以前，都屬於印度教/佛教文化圈的一份子，爪哇島

（Java）中部的世界遺產婆羅浮屠（Borobudur）和普蘭巴南（Prambanan），就分別是佛寺遺址和印度教遺址。

除了越南北部，幾乎整個中南半島和南洋群島，受古印度文明影響超過千年，其中最負盛名的就是柬埔寨吳哥窟，而吳哥和當年印尼的印度教/佛教王國大有淵源。

今日印尼是全世界穆斯林最多的國家，但我能想像在伊斯蘭教傳入以前，這裡就像千千萬萬個峇里島，一早起床，人人虔誠地給神靈獻上鮮花素果和清水。

在遼闊的南洋群島將伊斯蘭教發揚光大的，是潤物細無聲的商人和僧侶，不是「一手持劍，一手拿《可蘭經》」的武力傳教。

人類學家克利弗德．紀爾茲（Clifford Geertz）研究爪哇民間宗教時，就曾發現，多神信仰一直保留在日常生活中，和伊斯蘭教義並不牴觸。

和北非中東的教親們比起來，印尼穆斯林一向以溫和開放的態度而自豪。

八零年代以後，印尼人前往中東產油國工作，帶回當地的意識型態，女性也才開始戴起頭巾。漸漸地，在這些人眼裡，傳統的溫和開放，其實代表對真主不夠虔誠，老一輩的咒語呀祭祀呀偶像呀，真是無知識兼不衛生。

螢幕上映照出皮偶的影子，鑼鼓喧天地演出古老的印度神話，就像神靈找到肉體附身。

不管在哪裡，走在顛簸的民主化道路上，宗教議題很容易用來切割敵我，操縱群衆，爭取選票，以獲得權力。

政治是衆人之事，而衆人信仰的神，往往成了用來統治衆人的工具。一神教那種「除了我的神以外，其他全是邪靈偶像」的排外本質，往往擠壓原有的神靈信仰，進而影響賦予神靈形象的工藝家。於是我小心翼翼地敲邊鼓：「您親手製作這些皮偶，和您的穆斯林身分不會有一點衝突嗎？」

「不會。」老師傅在觀光重鎭峇里島待了很久，娶妻生子，學了一口好英文。他一方面以穆斯林的身分旁觀峇里島的印度教，另一方面他也有足夠的歷史感，很清楚在伊斯蘭傳播到爪哇島之前，他自己的祖先過著和今日峇里島民相去不遠的宗教生活。

「我太太很高興她不用像峇里島印度教婦女一樣，三天兩頭準備祭品，舉辦各種累死人的儀式，浪費金錢和時間。」

「只要我們對阿拉保持信仰，心中就有平安。」他啞然失笑：「何必爲了鬼神迷信，心煩意亂，自己嚇自己？」

我點點頭：「若眞有神靈，哪裡是凡人請得來的？」

「更不要說是賄絡神靈啦。祂不會因爲你多奉上一隻雞或一杯酒而降福的。」

我想了想：「對您來說，文化是文化，宗教是宗教，兩者不相干。」

「我的宗教來自我的父母，他們跟我說，這水是清淨的，所以我就乖乖喝下。這水也眞的清淨解渴，讓我心頭舒暢。」

他笑說：「不管文化還是宗教，反正就是生活，好像喝水吃飯一樣自然，鄉間很多農夫在收成金黃稻穗時，不會忘記唸咒語，感謝稻米之神，不但道謝還要道歉。他們彎著腰，吟詩一般地對金黃稻穗唱道：『不好意思我們要拿鐮刀割下稻穗了喔……』，哈哈！」

「雖然的確不合伊斯蘭的規矩，但這不是很美嗎？這不就是生活嗎？」他樂呵呵地說：「我們的心很大，充滿彈性……唸咒收割完，再去清眞寺禮拜，一點都不衝突呀。我們三餐吃的都是米，這些米全是聽了感謝咒語的米，但誰能說我們不是好穆斯林呢？」

我謝了他，隨口打聽：「日惹王宮開了嗎？現在可以參觀嗎？」

他說：「早開了。去吧去吧。蘇丹王室每天清晨還保留著供奉鮮花素果的印度教儀式呢。」

—越南餐桌—

革命就是請客吃飯

法國人控制了電話、電報、郵政等通信系統，卻不知道河粉攤販交織成一個綿密的情報網絡，遍布大街小巷，就像鹽巴融在高湯裡，已分不清敵我。

「您在找尋什麼嗎？」我問。

「我祖先的名字。」

一位成熟的越南女士正拿著手上的紙，瞇著眼睛，盯著成排石碑，彷彿在找尋什麼。模樣讓我想到以前聯考放榜時的考生家長。

她脖子上圍著米色絲巾，瀟脫的鼠灰色褲裝，淡妝香水，齊耳灰髮打理出俏麗的卷度，難掩一股法式風情。

第一次來到越南首府河內的文廟（孔廟），有一種奇異的熟悉感，漫步在長廊上，兩旁的石龜背著刻有繁體中文楷書的石碑，碑上全是古時候金榜題名的進士。

越南曾和日本韓國一樣，是漢字圈的一員，甚至直到二十世紀初才停止科舉取仕，鯉魚不再躍龍門。雖然拉丁字母取代了漢字，現代越南語中仍保留秀才、狀元、落第、上榜等詞彙，年年讓應試考生腸胃抽筋、心頭糾結。

河內舊區像江南小鎮，我彷彿隨意走在中國書畫裡。文廟坐落在國子監路上，康熙御筆親題的「萬世師表」匾額高懸，五進院落，紅牆綠瓦，至聖先師端坐廳堂，享用裊裊香煙。

一群剛下了課的女學生，穿著國服奧黛長衫，笑語晏晏，腰肢纖纖，褲腳露出時髦的高跟鞋，腰部以上的曲線貼身，腰部以下的衣擺隨風飄揚，優雅又瀟灑，清純又挑逗，鳥兒的身形，天鵝的頸項，修長的手腳，青春少女總是那麼耀眼。

衣裙飄飄的婦女也可以英勇過人，越南最出名的民族英雄是抵抗中國東漢政權的徵氏姊妹。越南斷斷續續作爲中國屬地或藩國，兩千年來不斷對抗這個亦師亦敵的外來巨人。

不過，除非學過古典漢文，八十歲以下的越南人今天頂多只識得象棋上的兵馬將炮，漢字早已是前朝舊事，留給風中殘燭的老人吧。

她從第一排走到最後一排，再慢慢穿過中庭到另一邊，不時比對著手中白紙。

我眼角餘光掃過她手上的紙，上面手寫著幾個漢字，筆劃童稚樸拙，歪歪倒倒。

歲月磨蝕了碑文，她的搜尋任務更加困難。

「我來幫忙找吧。」我目光快速掃過幾座石碑，觸電一般，名字突然映入我眼簾。

於是我站在原地等老婦人再次走近，然後用手一指。

她登時會意，湊近碑文，細細比對名字的一筆一劃，絲絲入扣，終於笑了。

「Merci……」她心一寬，嘴裡自然而然吐出的卻是法文，她隨即改用英文，仍帶著濃濃的法語口音。

「謝謝，早上我忘了戴老花眼鏡出門……你省了我不少工夫呀。」

這時一頭棕髮、滿臉雀斑的混血女孩從另一頭走來，和她快速交換幾句法語，然後轉身對我說：「中國字超困難，比古埃及文還深奧。」

「很高興能幫忙破解這些神祕的符號。石碑上的名字是你們的祖先嗎？」

她點點頭說：「我小時候住在河內，但搬到法國已經很久了。」

之後我又在美術館和越南婦女博物館看到她們，展出很多老照片，那位優雅的女士一樣在展場慢慢磨蹭，這次她戴了眼鏡，湊近端詳影中人，視線掃過一張又一張臉龐。

「您又在找人嗎？」我開玩笑。

「對。如果找得到的話。」

「也是您的祖先？」

「這次是我的姑姑。」

她說越南名字太難發音了，要我直接喚她的法文名「伊芳」，一旁是她的外孫女「咪咪」。

「伊芳，您對河內很熟嗎？」我問。

「我在這裡度過童年，但河內變了很多。」

「這附近有什麼好吃的？我最喜歡去當地人常去的店吃東西。」

咪咪：「在河內，當然要吃河粉囉。我們昨天發現了一攤很道地的河粉，要不要一起去？」

我猛點頭說：「河粉超好吃，一天吃三碗也不膩。」

伊芳嘆口氣：「那是你們不知道以前的味道多好。」

老一輩的越僑回到家鄉，總會感嘆食物走了味。連年戰爭，不但帶走一身好手藝的師傅，也帶走了嗜食懂吃的行家。

只要食客的味覺記憶一有斷層，吃不出好壞，僅存的料理人對廚藝的最後堅持也只不過是自我滿足，終將被市場淘汰。於是劣幣驅逐良幣，滿街都是廉價的味精。

新生代不懂得自己曾經擁有什麼，所以失去也不會感到可惜。

當然，說公道點，有時候老人對古早味的念念不忘，是因爲少了一個逝去的青春年華來提味，這個叫廚神來也煮不出來。

去國多年，伊芳在越南開放後，已回鄉數次，這次她帶親人的骨灰回故鄉安葬，順便帶咪咪同遊。

這片歸根的落葉花大錢修祖墳、寫祖譜，決心把祖先的故事當成《孤獨星球》旅遊指南，祖孫倆一路按圖索驥了起來。

不論哪裡的老人逮到聽衆，回憶往事總是更加起勁。自家兒孫不感興趣，故事只好說給陌生人聽。兒孫全在法國土生土長，哪能理解她老來的鄉愁？

無數機車像魚群一樣密集地「游」在路面上，行人穿越馬路要有「摩西過紅海」的本事，往路上一站，緩步往前走，洶湧潮水般的機車竟奇蹟似地分開，車來車往，就是不近身。

河內舊區多的是狹小街道，她們領著我走進巷弄一角的河粉攤，伊芳熟門熟路向老闆用母語點菜，不出二十秒，河粉送上桌，先喝一口原味的湯，把青檬擠進湯裡，用筷子拌著像雲朵般輕柔的河粉，薄薄的鮮紅生牛肉，轉眼被燙熟成淡粉紅色，一人一碗稀哩呼嚕吃著。

我相當佩服滿街遊走的河粉攤販，這些阿姨婆婆可以用那麼簡單的器具，提供那麼好吃的食物！讓食客花那麼少的錢，獲得那麼大的滿足。

牛肉河粉湯的來源衆說紛紜，河粉條可能來自中國移民，而湯頭疑似源自一道叫做火上鍋（Pot-au-Feu）的法國牛肉湯。兩相結合，加上越南本地的新鮮薄荷、胡荽葉、羅勒、紅椒和青檬，爽口鮮美，讓我大爲傾倒。

小販扁擔挑著擔子吆喝，沿街叫賣。往來食客蹲坐在矮凳上，呵著氣吃河粉，大汗淋漓。

河內舊區的大街小巷仍然沿用古名，皮行、銅行、棉行、糖行、麻行、帆行等等，三十六古街，專區專賣，「東市買駿馬，西市買鞍韉」，要買什麼就得上哪去。

時代變遷，很多商家已轉行賣機車和手機，但仍有商家堅持本業，不改祖宗數百年光景，店門口堆滿中藥材、鍋子、墓碑或是布疋。

如同讀林海音的《城南舊事》回憶老北京胡同一樣，伊芳用慵懶的語調，拆掉張揚的壓克力霓虹招牌，請走探頭探腦的外國觀光客，關掉俗氣的觀光餐廳、特產店、網咖、旅行社，驅逐呼嘯往來的汽機車，就能重現古都風貌。

多虧咪咪居中幫我翻譯，伊芳詞不達意時，祖孫兩人就不時用法語呢喃一陣。河粉對伊芳來說，就像普魯斯特的馬德蓮蛋糕，勾起無數過往，在河粉湯鍋的迷濛蒸氣間，我們回到伊芳童年時代的河內。

當時，越南仍被稱為法屬印度支那，離首府河內最近的心理距離，不是順化或西貢，而是巴黎。

大宅門廳堂上仍掛著赫赫的漢文匾額，伊芳的高祖父坐在螺鈿紫檀木上，捻著鬍鬚，抽著象牙鴉片菸管，雖是讀聖賢書的士大夫，卻有著商人般靈敏的政治嗅覺，他知道風向變了。漢文的時代結束，法文才是新體面。

士大夫長年壟斷漢文科舉，皓首窮經求得功名利祿，形成封閉的統治階級。直到法國人靠著船堅炮利，騎到頭上來。

法國人爲求殖民方便，大力籠絡當地望族，給予特權，讓世代書香的貴族士紳成爲買辦，幫藍眼白膚的新主子效力。

越南大興儒學，廣設科舉時，臺灣還是蠻荒化外之地。越南一直到二十世紀中葉，順化的皇室和文武百官仍身穿沿襲明代衣冠的朝服，不過發號施令的早已變成說法文的河內總督府。

伊芳顯貴的祖先自十九世紀末以來，就率先過著鋼筆和毛筆，刀叉和筷子，洋裝和奧黛長衫，麵包和米飯，咖啡和茶葉並存的日子。

日復一日，從原本的笨拙生疏到優雅講究，有閒階級總學得會各種賣弄文化資本的手腕。但在法國人看來，終究不過是猴子抹粉。

伊芳的家族承襲祖蔭，良田萬頃，和法國殖民者合作經營廣大的橡膠園、咖啡園以及各種特許產業，身為仕宦人家的千金，她自小由法國私人家教帶大，成群丫頭老媽子伺候，生日宴會時穿著裁縫到府量身訂做的蕾絲洋裝，頭髮上綁著緞帶，用冰淇淋蛋糕宴客。

新年社交舞會時，紳士淑女在大廳跳華爾茲直到深夜，像朵大喇叭花的黃銅留聲機，傳來悠揚音樂，名媛貴婦身上的珠寶一閃一爍。

年幼的伊芳瞞著保母，穿著睡衣悄悄躲在柚木大迴旋梯上偷看，等著壁爐上的瑞士大時鐘一響，西曆新年就來了。

「噹噹噹……」，滿眼期盼的小女孩跑得不見人影，只剩下老年的伊芳，像覆巢的雁子一樣徘徊在欄杆外探望。

胡志明解放河內後，使館區的別墅洋房全變成了政府機關，就算空無人居的屋舍，也布署了士兵警衛。

「我們的老家呀，就在今日中國大使館附近，一棟鵝黃色的殖民時代老洋房，襯著紅色磚瓦和墨綠窗櫺。」

伊芳一邊吃河粉一邊惋惜：「我和咪咪剛剛經過，想進去參觀一下都不行。

那些看守的孩子太年輕，還不理解我在思念什麼。年輕有什麼了不起？你有本事就不要老呀！」

河內的人行道全被小凳子小茶几占滿，每個人不是正在吃東西，就是剛吃飽，不然就是要去吃東西，那麼多張青春的臉，那麼多張充滿食慾的嘴。

伊芳說：「河粉要蹲在街上吃才有意思，但我膝蓋不行了，很久沒這樣吃了。」

河粉起源河內，像臺南擔仔麵一樣，早期小販用扁擔挑著沿街兜售，一頭是小板凳、餐具、河粉肉片香草等食材，另一頭是高湯鍋，底下還有爐火保溫。

租不起店面的，就占據一角；沒法盤據街口的，只有打游擊當流動攤販，挑著行當四處遊走，客人擱下光顧了，再停下來做幾碗生意。客人一多，湯鍋見底，不要緊，隨時有人挑著整桶高湯來補。機動性十足。

河粉貴在清澈鮮美的湯頭。熬湯的鍋子大到可以坐個成人進去，牛骨雞骨堆得像座山丘，加上丁香和洋蔥、芹菜、蘿蔔等蔬菜，在火紅的煤磚上徹夜熬煮十幾個小時。

我說：「這裡的河粉完全不一樣，臺灣的河粉超難吃。」

伊芳：「你們用的不是現做的新鮮河粉吧？」

「不是，應該是進口的乾河粉。」

「那就差多了，再說，河粉好壞全仗好湯！」伊芳不愧是老河內人，永遠講究湯頭。

她強調：「湯頭就是得大鍋徹夜熬煮才行。再怎麼有錢的人家，也煮不出這味道。」

我問：「那你從小就是大人領著在外頭吃河粉的？」

「沒錯。這是外頭賣的街頭食物。河粉都是愛媚琳姑姑偷偷帶我出門吃的。」

「愛媚琳，就是你剛剛在博物館想找的姑姑嗎？」

「對！」咪咪興奮起來。

愛媚琳是伊芳的父親排行最小的妹妹，身材修長，穿起西式禮服，比一般東方姑娘上相。五官立體，是彩妝公司選角時最愛用的那種素顏。她彈得一手好鋼琴，講一口巴黎口音的流利法文。

就像張愛玲的小說，當時有錢人的女兒不能做女教員、女職員，結婚是唯一的出路。

貴族女校畢業後，待字閨中的愛媚琳，最重要的任務，自然是結婚。

當然，對象是另一個世家子弟。

那個年代大戶人家爲了不讓兒子出門亂闖，用鴉片把身子好好拴在家裡，靈魂則任其腐爛。

錢花在鴉片上，總比慘遭豬朋狗友算計設圈套，來得合算多了。

更比犯傻去參加共產黨鬧革命好！

年輕人總是滿腦子理想主義，衝動過頭，什麼都看不爽，想打翻了重來。

也罷。等他們老成了些，就懶得憤怒了，因爲他們會學到不管再怎麼憤怒，世事也不會有任何改變。

他們說，未來姑爺抽大菸抽得可猛了，整天攤著，溫溫的，不惹事眞好；他們說，之前日本鬼子占領河內，耽擱了婚事，只好先納了兩個小妾收在房裡；過了門，愛媚琳死也是人家的鬼了；他們說，一樣是官宦世家，嫁過去一根手指也不用動。

他們說，他們說，他們說……年輕女孩只有聽人說的份。

二次大戰結束，日本人前腳剛走，共產黨後腳就宣布越南獨立，偏偏法國人又回來「收拾舊山河」，和胡志明領導的越南獨立同盟會展開長達八年的持久戰。

「有美國的支持，連德國納粹都戰敗了，這些小眼睛黃皮膚的越盟共產猴子算什麼？」法國人經歷激烈巷戰，一路打回華麗氣派的河內總督府辦公室，調兵遣將。

前線叢林戰的炮火越是猛烈，美國和法國的軍政界要人和投機份子越是絡繹不絕來到首府河內。大後方的河內社交界忙不迭地舉辦一場又一場的歡迎會、接待會、歌劇、舞會、午茶、野宴、送別會。

戰爭沒個了局，越盟逃到山區打游擊。城內幾乎連鋪地的老石磚都掀起來抓共匪，風聲鶴唳，而共產黨總有天大的本事滲透，神出鬼沒，消息靈通，天知道他們編織了什麼樣的情報網。

監獄裡關滿了政治犯，對囚犯來說，被獄卒用箝子將指甲拔下來，還算痛快，表示還有人記得你。更多時候是無窮無盡的等待，被遺忘在黑獄裡爛死，骨骼扭曲，雙眼失明。法國大革命時期誕生的斷頭臺，升起落下，鍘斷一個又一個硬頸項，血跡斑斑，一個又一個頭顱從刀刃下滾落。

有人脊椎挺立，就有人腰身柔軟，愛媚琳的父執輩早學會法國人的自我嘲諷：「既然不管怎樣，總是有人出賣民族，那不如由我們來賣個好價錢囉！」

風雲變色，深宅大戶的小姐坐在沙發上喝熱巧克力，配上大勒盛產的草莓，時代的大風大浪一時還淋不到頭上。

法國諺語：「不管去哪，一個人的貧窮總是跟隨著他。」

而富家千金走到哪兒都暢行無阻，彷彿世界上所有的門，全理所當然地爲她打開。

只除了大學的門。

幾年前納粹德軍占領巴黎的消息一傳來，最開明的祖父驚得中風，不久過世，摧毀了愛媚琳的留學夢想。

她在藉故等誰似的，一年又拖過一年。最後愛媚琳收到一封信，把臉埋在枕頭裡，哭了三天三夜。

伊芳說：「我不知道內容是什麼，只知道愛媚琳大病一場，她親手燒掉那封信之後，我們家就開始籌備婚事。」

在家從父，出嫁從夫，未婚的小姐像被關在候車室裡，若車子遲遲不來，候車室還會變得越來越小。

原本有幾分書呆的愛媚琳，一夜之間突然長大，轉了性子，下定決心：「要我乖乖結婚可以，但條件是我要一個完美的婚禮。」

完美的婚禮當然是指法國婚禮，她不要見到半抹紅色、一個囍字。

全河內的上流社會都知道即將要出閣的愛媚琳小姐，不但要一場法國婚禮，還要讓人難以忘懷。

她野心很大，生平頭一次作主請客吃飯，發誓要讓所有的賓客直到老眼昏花，仍歷歷在目。

愛媚琳正式訂婚，在成人世界中取得了新的位置，看她那麼認眞地籌措婚事，家中收起了管束，夫家也不好干預尚未過門的準媳婦。

結婚是女人的第二次投胎，在上一世和下一世之間，嚴格的禮教出現了一點間隙，一點自由的空氣，愛媚琳刻意利用這段偷來的好時光。

有人說，可憐的愛媚琳小姐遇上兵荒馬亂，嫁妝辦不齊全；有人說，但這小姐也太挑了，歐戰剛結束沒多久，連巴黎女人也像溝鼠一樣灰頭土臉，你哪來的蕾絲和香檳？

大戶人家講究體面，現在的活人，過去的祖先，未來的子孫，透過婚嫁生育，世代接力，維持家族的優越地位。愛媚琳的婚禮就是她的事業起點，吹毛求疵到幾乎歇斯底里，整得管家快引咎辭職，最後她決定親自打點。

父權的門禁森嚴苛刻，才能培養出盆栽中的名花，千金小姐知道如何翩翩起舞，如何寒暄親吻，如何邁步讓裙子嫵媚擺動。她是一張完美的畫布，靜待彩妝粉底香水來施展魔法。

她藉口籌辦婚事，央求長輩動用所有家族人脈，密集拜訪上流社交圈的官太太，那群法屬印度支那殖民社會頂層的皇后們。

她們大多來自巴黎，或是將回巴黎，她們總是主導氣氛和談話，知道什麼最時髦，穿什麼都好看，只要靜止不動，就是一尊雕塑。連不打扮也是一種打扮。

她做小伏低，向她們討教禮服的圖樣，參考她們的婚禮照片，詢問她們瓷器、桌飾、餐酒和料理的搭配，商借廚師來開菜單，和總管討論酒單。

樂師、花藝師、裁縫師、侍酒師……變著各種把戲慫恿愛媚琳消費，一個欲望催生另一個欲望，她透過時尚雜誌郵購，每週收到許多法國寄來的包裹。

時局混亂，爲了安全檢查，郵務難免耽擱，趕不上巴黎最新的流行樣式，愛媚琳去跟某個官太太撒嬌哭訴，從此海關一看包裹寫著她家的地址，連拆都不敢拆，專人火速送來。

伊芳不上學時，總愛賴在臥房裡看愛媚琳梳妝打扮，時裝皮鞋，戴上一頂時髦的鐘型帽，吩咐司機開轎車出門。

共產黨鬧得再兇，豪華的私家轎車從不被盤查，愛媚琳有時帶著一兩個旅行皮箱，伊芳不知裡面是裝什麼。

伊芳很聰明，聰明到從來不問，她喜歡和愛媚琳上街透氣，她覺得愛媚琳需要她當煙霧彈，遮蓋些什麼祕密。

她喜歡祕密，越大越好，撐得她小小的個子彷彿也嚴肅重要了起來。

由低階法國軍官帶頭的警察或軍人一看到車內矜貴的富家年輕小姐，還帶著姪女出遊，不疑有他，總是擺了擺手，輕易讓她們通過檢查哨。

有次換了個從外地調派過來的新軍官，檢查確實又仔細，還要司機開車廂，伊芳感到愛媚琳的手又冰冷又發抖。

愛媚琳端出架子，似笑非笑，一臉嗔怪：「我和前副總督的二小姐有約，要一起挑選婚禮的鮮花布置。請原諒我占用了您的時間，我會請擔任警備部長的教父道歉。」

搶在眞的被冒犯前，溫柔地暗示這些男人招惹自己的代價。

於是他們總是過分殷勤。

「只要你是淑女，就能得到紳士的禮遇。」愛媚琳一邊大笑，一邊模仿教會學校的修女口吻，那些老妖怪覺得淑女只要學會玫瑰經、華爾茲和油畫，坐在餐桌前不靠椅背，頭頂書本滑步這些技能，就不會被生活虧待。特權階級怎麼可能不懂得擺派頭？

幾年來她上的貴族女校也只教過這些無用的東西。

所以很奇妙地，重重戒備，連鳥兒都插翅難飛，她們卻來去自如。說到底，小姐手裡拿過最重的東西，不是網球拍就是香檳杯，怎會是扛著槍嘯聚山林的共產黨？

伊芳年紀小，社交界像閃閃發光的天堂一樣。她整天膩在愛媚琳閨房裡，看漂亮的姑姑化妝打扮，走入一個她還不被允許進入的世界。

愛媚琳臉上掛笑，嘴角塗蜜，機警地偵測風向，用熟得不能再熟的社交辭令，捧男人也捧女人。她上橋牌桌總是先小贏，然後很有技巧地輸給所有男人。少女就要像春風一樣，手中揉著絲質手帕，掩嘴輕笑：「剛剛不過是小女人的運氣罷了。」

對法國男人來說，愛媚琳是迷人的東方娃娃，不管穿奧黛和洋裝都一派優雅，巧笑倩兮，美目盼兮，柔順的黑亮長直髮隨著纖腰曲線擺動，可惜她即將步上紅毯，不然簡直控制不住雄性的征服本能。

「不要緊，等她婚後破了處，再來引誘她偷情。」法國男人早知道，已婚女人是最好的情人。

對法國女人來說，愛媚琳是殷切的學徒，懷抱婚禮夢想的懵懂少女，像攀在母親衣裙上的小女孩，對大法蘭西文明俯首稱臣。

理當如此。每個人都同意法國擁有世上最高等的文化。若有人不同意，純粹出自於令人遺憾的無知。

太太夫人們友善地親吻愛媚琳的雙頰，牽著她的雙手，閒話家常，沒說出來的心裡話是「喔啦啦，看看，看看，不愧是我們法國，才不過七十年，一樣的鳳眼黃膚長髮，我們把伸腰長拜的妾婦調教成了優雅的淑女。」

她們打從心裡覺得，多虧了法國傳教士宣揚的天主教，力主一夫一妻，小妾就算生了兒子也是沒名分的私生子，不然就算明媒正娶的嫡妻，也深怕被其他女人奪了地位。

是法國人把低眉順目的東方女人，從庭院深深的閨閣，拉到公共場合社交，享有和她們一起品酒、騎馬、觀劇、宴飲、跳舞的自由。

愛媚琳不就是活生生的例子，最好的樣板？一個擁有法國淑女派頭的土著少女，眞是太討人喜歡了。愛媚琳被當成寵物一樣，常在貴婦聚會上演奏鋼琴。

「女主人責任重大，」她們諄諄教誨：「貴婦要記得每個男人的頭銜和每個女人的丈夫，能落落大方地主持正式宴席。」

「神色恭謹地和右手邊的主教談護教政策，欲擒故縱地和左手邊的紳士談打獵，出得了廳堂，上得了檯面，杯斛交錯間，不記錯酒莊和年分。」

男人掌握世界，女人掌握男人，只不過法國貴婦的手腕更是風情萬種，世故圓滑，這些瑪莉安東內特把愛媚琳納入羽翼，精心調教，慷慨地歡迎東方陶瓷娃娃加入她們的共謀。

法國人像公雞一樣裝模作樣，把大半精力花在如何讓其他人又羨又妒上面。他們制定規則，他們就是品味，並且十分樂意讓其他人自慚形穢。

他們代表了品味，並且十分樂意讓其他人自慚形穢。

巴爾札克說：「女人的美，是無價之寶。」

美麗是看得到的美德。當女人厭倦了戰爭，想被驕寵，想要花錢，想覺得美麗，想欣賞鏡中的身影，有什麼比婚禮這個理由更好呢？說皮相太膚淺，自信才是一切，當一個女人認爲自己比其他女人美麗，態度自然就從容了起來。這是一個大家較勁誰更禮貌、更文雅的世界。

一潑婦罵街就輸了。

容貌是刀劍，風度是盔甲，任你鐵手鋼爪，也得戴上柔軟的絲綢手套。

殺人不見血。

尖牙利嘴也要塗上當季的口紅，挖苦諷刺，夾槍帶棒，語調都平和甜蜜。

政局膠著，世事如麻，心驚膽戰的法國人對共產黨頭痛萬分，他們偶爾需要放鬆一下，愛媚琳喚起法國人心中最溫柔的一面，又滿足了殖民主子看待屬民，巴不得爲之君，爲之師的優越感。

「巴黎的衣服、巴黎的鞋子、巴黎的髮型，所有美好的東西，當然都來自巴黎……」

巴黎一打噴嚏，全世界都感冒。世上最好聽的馬屁，就是認同對方的優越感。他們頂多取笑幾句：「哎呀……愛媚琳，可別像福樓拜筆下的包法利夫人那樣買瘋了就好了。」

「親愛的，用勁兒不可太過。即使你早上五點就起床吹頭髮上髮卷，髮稍卷度看起來千萬不可太刻意。」

富人的應酬聚會是社會階級的展演場，女人是最關鍵的守門人，闊太太請客吃飯的技藝，需要長久養成。

多發或少發一張請帖的後座力，有時不亞於槍砲。

亮閃閃的刀叉瓷器擺設得再文質彬彬，檯面下也可能殺氣騰騰。你最驕傲的葡萄酒珍藏，不是跟你最愛的人喝，而是跟你最恨的人喝。

所謂的紳士淑女，就是把萬頃良田打包進幾個衣箱的人。要出門看人，並且被人看到。櫥窗擺設的不只是商品，更擺設思想和文化。不擦香水的女人沒有未來。一雙好鞋能帶你去好地方。

「對於粗魯的女人，只剩同情，哎呀，她連自己都放棄自己了。」美麗都是無用的。但無用即爲大用。人對美麗的嚮往，就像植物的趨光性。而法國人壟斷了美麗與否的終審權。

透過愛媚琳狂熱崇拜的眼神，所有住在離河內歌劇院不過散步距離的藍血人，略略平復了「這些共產黨竟然要我們滾回法國去」那種驚怒交集的受傷情緒。

少女總是承受過多美麗的負擔。

精雕細琢的閨秀名媛習慣生活在假象中，接受衆人的品頭論足。即使河內某些街區早已化爲廢墟，被鐵絲網團團圍住，法國人對廣大的農村和山地也失去控制，共產黨潛入都市蠢蠢欲動，世界幾乎快天翻地覆，愛媚琳最放心不下的還是她的結婚禮服。

她是魚缸中那一條最斑斕無知的金魚。

她的功能就是看起來漂亮。

當時成衣尚未普及，每一件衣服都少量，訂製、手工裁縫，讓愛媚琳心頭惦記，深情款款，爲了透過貴婦人脈在巴黎迪奧訂製幾套下一季的衣裙，一個少女的所有心機和焦慮都能被理解。

共產紅旗的對立面不是山姆大叔，而是紀凡希襯衫和嬌蘭香水，是愛馬仕絲巾和路易威登旅行箱，是卡地亞項鍊和梵克雅寶的戒指。

可可香奈兒好不容易解放了女人的衣著，給了女人昂首闊步的自由，迪奧卻把女人趕回家庭牢籠裡，彰顯纖細的腰身和豐滿的胸臀，像一個夢，像一朵花，那一身羸弱感和女人味，像易碎品一樣從父親手中交給丈夫。

就算因爲過於強調曲線，穿起來不見得舒適自在，但美麗值得受苦。

少女這股任性總帶著幾分自憐，隨她開心就好。

再說，女孩子在乎自己的婚禮，也是份內的事。誰對嬌俏的準新娘不會縱容幾分？

誰忍心拒絕新嫁娘呢？就算少女貧乏的想像力只夠把自己送到教堂神壇前，誰不會軟言祝賀兩句呢？

誰不會跟新嫁娘分享一些夫妻間相處心得呢？

說著說著，總是會提到自己家裡那口子最近的行動，被派往何方，執行什麼任務，去多久，何時回來。

貴婦往往又有情人，虛榮心鼓舞她們分享情人的成就，並且炫耀自己多能掌握情人的行蹤。

男人背後都有女人，而女人總是喜歡控制她的男人。由此，沙龍間女人瑣碎的閒話，可以推敲出很多影響未來大局的可能性。

特權階級仰賴內線裙帶，恩蔭侍從，就像河粉全仗好湯。

愛媚琳懷著極大的熱誠出席所有社交場合，她的耳環總是和衣服搭配得當，尖著耳朵，不錯過任何情報。

請客吃飯是富人的職業，亮完相做完正事，愛媚琳回家後還來不及換裝，就立刻俯身在梳妝臺上，用極細的鋼筆字，把剛剛聽到的話，寫在紙鈔上。但那只是一些誰都看不懂的符號，根本沒有任何意義。

愛媚琳有次抓到伊芳偷看，不住哄她：「這是神祕咒語，我們兩人的祕密，絕對不能告訴其他人，不然就失效了。」

伊芳被關在室內久了，氣悶得很：「那你去外面要帶我去走走。拜託。」愛媚琳被小姪女抓到小辮子，只好乖乖照辦，一起出門偷吃河粉。

在六七零年代的新料理運動（Nouvelle Cuisine）之前，法國菜就是牛油，牛油，以及牛油。愛媚琳出外做客吃膩醬汁，有時厭煩了，想吃新鮮、清淡、原味的食物來休息一下。

「我不要看到任何起士、奶醬、牛油。」愛媚琳說。

「小姐愛吃外頭的河粉，我們立刻去買，您別拋頭露面。」不管僕人怎麼苦勸，愛媚琳都會換上便裝：「不用了，我們順便要去裁縫那裡一趟。」

愛媚琳牽著伊芳去購物，去波光粼粼的還劍湖散步，垂柳迎風，去堂皇歌劇院旁的甜點店吃巧克力蛋糕，去聖喬娜瑟大教堂做彌撒禮拜，陽光透過彩繪玻璃撒了一地斑斕。

愛媚琳對河粉攤當然也很挑剔，打量來往的河粉攤販，一找到目標，就穿過車水馬龍，徒步轉進暗巷裡，坐在一角吃一碗河粉，背著臉，融入為生活奔忙的人群裡。

愛媚琳會有意無意用硬幣輕敲桌面，彷彿暗號密碼，吩咐：「我要一碗河粉。」

女販懶懶地打量了一下，然後總會弄掉一支筷子或湯杓，彎腰撿起。「姑娘有何喜好？」

「我姪女喜歡酸味，請多給幾個青檸。」

女販也開起玩笑：「姑娘，那要多付點錢囉。」

「哪有那麼計較？」

「看您是好人家的姑娘，難怪吃米不知米價，別說青檸，這年頭連鹽巴也漲上了天。」

「嬸子您加點好吃的，好說好說。」

於是女販裡頭多加了兩匙什麼，遞了過來。

愛媚琳總是低頭喝了一口湯，像透過味道在確認什麼似的，再閒話幾句，夾了兩筷子牛肉入口，只有雙方行禮如儀般開完類似的玩笑，愛媚琳才慎重遞出折得極小的紙鈔，找來的零錢碰也不碰，就匆匆離去。

如果對方的河粉味道讓愛媚琳皺了眉，便草草吃兩口，什麼都不說，只會用硬幣付錢。

有時愛媚琳會夾帶一個皮箱，伊芳低頭吃河粉時，皮箱總被悄悄裝在大鍋裡，用扁擔快手快腳挑走。

那一些流動攤販生熟面孔都有，有一個年輕男販總是特別溫柔地看著愛媚琳，蹲下來誇伊芳乖，那隻摸她臉頰的手太光滑，像拿筆的手。

然後他和愛媚琳低聲聊天，兩人雙手會不經意輕輕一握。他眉清目秀，一臉文氣，刻意裝得粗聲惡口，大力吐著痰，伊芳聽到他和姑姑用法文講了馬克思、人民、女權什麼的。

就這樣，愛媚琳帶著伊芳吃遍舊區三十六古街的流動河粉攤，好像每個攤販都有默契似的，把祕密熬成湯水，片上幾張生牛肉，澆上滾燙的湯汁。

伊芳把新鮮香草攪拌到碗裡，愛媚琳的耳後和頸項香水更撩人。

伊芳把檸檬汁擠到碗中，打量那人沒來，愛媚琳心酸，皺了眉。

滑嫩Q彈的河粉「滑」進伊芳的喉嚨裡，愛媚琳對著他笑出聲來。

伊芳挾著鮮紅牛肉在碗裡燙熟，愛媚琳的臉也紅了。

當攤販把吃完的湯碗收走時，愛媚琳看著那個人的背影，好像也要跟著去。

越南上層階級深受儒家思想束縛，宗祠族譜裡，男人父父子子孫孫，女人只是背後拉長的陰森鬼影，沉默的子宮。女人這輩子最大的成就是生了兒子。男人這輩子最大的成就是出生。

前朝遺老家庭的闊男人，自從法國人來了後，廢了科舉仕途，個個都像泡在防腐劑裡的活殭屍，還沒死透，卻也沒活著。

反正不管什麼都是法國人說了算，沒有任何成就動機的官家少爺、老爺腐爛在富貴裡，不事生產，霸占家業，養姨太太、包戲子、抽大菸、欠一屁股賭債，在煙榻上強姦年幼的新丫環。

經年累月折磨家中所有女眷後，暴斃在煙榻上算壽終正寢。

而像她們這樣遺老家庭的闊女人呢，也不過是讓人論斤稱兩、等著配種的牲口。

就算爲了拿法國人的好處，受洗爲一夫一妻的天主教徒，取了教名，男人總有本事掰開丫鬟小妾的大腿，再領著太太小孩去天主教堂做禮拜。

老式婚姻的悲劇不斷激怒愛媚琳。再知書達禮，最好的結局也不過是聽男人吩咐，橫豎錢都是男人的，花天酒地，主婦還得誇讚夫君能幹。

愛媚琳不願過那玩物般的蒼白日子，盲婚啞嫁，成爲某某太太，然後不斷生兒子，和五姨太、七姨太較勁。

只有父傳子、子傳孫的富貴官家，有財力將女人當傳宗接代的消耗品，和妝點門面的奢侈品。綾羅綢緞、金玉貼身，輕飄飄的，掩在雕金鑲玉的朱門後，直到吐出最後一口若有似無的氣息。

平頭百姓呢，娶老婆是要一起挨窮過活的，憑著韌性和汗水，夫妻齊心拼湊出生活的樣貌。愛媚琳自小看多了各房妻妾的爭寵鬥氣，她寧願找個簡單的男人，夫妻一起勞動，小屋裡只有他們倆生的孩子。

販夫走卒的老婆，嚼著檳榔，一口黑牙，擔起河粉攤，挑起一家老小的生計，熱鬧潑辣，刻苦眞實地生活著，卻能深深呼吸，不會被文廟裡陰森沉重的進士碑壓得喘不過氣，家庭的核心是活生生的夫妻二人，而不是父子，或是死了不知多久的祖父、曾祖父、高祖父、太祖父，玄祖父。

所以共產黨提倡的平等、勞動、女權，理所當然會多麼吸引她哪。

不知誰說的，「三十歲以前，不相信共產主義，沒有心。三十歲之後，仍相信共產主義，就是沒有腦。」

而愛媚琳正值一生最好的年華。她把貴婦圈裡的第一手消息，孜孜不倦地透過河粉攤販帶出城去。

法國人控制了電話、電報、郵政等通信系統，卻不知道河粉攤販交織成一個綿密的情報網絡，遍布大街小巷，就像鹽巴融在高湯裡，已分不清敵我。

殖民官員高聳著鼻子走過，打從心裡鄙視蹲低身子埋頭吃河粉的當地人，一副畏畏縮縮低頭求饒的窩囊樣。

自知美貌的女人就像自知富有的男人一樣信心滿滿。愛媚琳享受著婚前最後的自由。她揮舞網球拍，在短裙下露出一雙美腿；她穿著雞尾酒小洋裝在希爾頓歌劇酒店的俱樂部裡，聽著爵士音跳舞；午睡小歇後，她薄施脂粉就身光頸靚，去總督府參加舞會或去歌劇院看芭蕾。

伊芳對愛媚琳一派天眞地說：「我未來也想要成爲你這樣。」口紅、香水、絲襪、高跟鞋，時髦的打扮，輕盈的腳步，懂得如何駕馭扇子帽子和手套，談莫里哀和勃跟第紅酒，故作矜持地調情，看到誰都要帶笑，交換幾句熱絡的社交詞令。

愛媚琳聽了，彎身輕吻伊芳的臉頰，留下口紅印，淡淡地說：「傻女孩。這些，很快都會不見的。」

伊芳當時還不知道她目睹的，是印度支那最後的華麗黃昏，太陽蓄積了整天的光華，在接近黑夜時全爆發出來。

法國殖民舊社會頹廢華麗的生活情調，正悄悄分崩離析，化爲烏有。

就在金錢買得到的所有幸福終於安排妥當，婚禮前兩週，愛媚琳把妝一抹，快手快腳換上樸素的家常褲裝，隨手買頂斗笠，挑著賣河粉的扁擔，混在人群裡無聲無息地溜走了。

新娘蹺家了，對親家無疑是奇恥大辱，家中百般賠罪，還要吃下愛媚琳的高額帳單，盛怒之下，燒毀愛媚琳的出生證明、身分證件、護照、照片、書本、私人衣物，從此當這女兒就是死了。

愛媚琳來不及帶走的兩個包裹，由伊芳藏著，塞在房間的床下，等她再大一些，才知道那是進口藥物、針劑、縫線、麻醉藥、簡易手術刀片。

愛媚琳透過河粉攤販幫忙傳遞的，除了貴婦間的閒話，還有前線不可或缺的藥物。

愛媚琳蹺家逃婚的醜聞沒讓人瞎咀嚼太久，因爲接下來大部分的人也要歷經自己的流亡和劫難。時局太亂，最雞婆的人也沒法管太多閒事。

伊芳養尊處優的金色童年，在胡志明率領共產黨接管河內那一刻，嘎然而止。

不然，她會像姑姑、姑婆、祖姑婆一樣，進入貴族寄宿學校，成年後在社交舞會露臉，相親結婚，閒來無事到大叻度假，去西貢血拚，去巴黎度蜜月。

被後世稱爲「自由之路」的大搬遷中，伊芳一家搭上法國空軍的班機，飛到南方的西貢。至今她回想那一刻，河內街上擠滿了富人的法國雪鐵龍黑頭轎車，她回頭望著，心裡仍惦記剛買的史坦威鋼琴，亮晶晶的像打了蠟的葡萄柚。

「還有愛媚琳，萬一她想回家怎麼辦？」伊芳急得嗚嗚耶耶，不知是誰先丟下誰。

「乍富不知新受用，乍貧不改舊家風」，西貢是個享樂城市，伊芳舉家南遷，失去了大半家產。

南逃的河內人將河粉傳入西貢，加上更多當地的香草菜蔬，於是西貢也滿街都是河粉了。

伊芳身子日漸抽長，也撐得起奧黛長衫了。一天她騎著腳踏車放學，進入附近鬧區的河粉店，滿頭大汗的掌杓女人一看到她，就轉頭逃往後頭廚房。

端到伊芳面前的河粉，已經加了檸檬汁，剛剛好正是她喜歡的酸度。

天氣炎熱，伊芳滿臉不知是汗是淚，愛媚琳正在暗地看她，低聲念著：「傻女孩。這些，很快都會不見的。」

共產黨就要來了。

近在眼前的河粉湯，熱氣蒸騰，星火燎原。

權貴世家都是反動黑五類，全新的越南沒有他們的位置。伊芳早早舉家搬到巴黎近郊，早在她高祖父當官那一代，就已歸化法籍。

法國人走了，美國人終於也走了。

西貢改名爲胡志明市。

改朝換代，窮人只能投身怒海當船民。而富人總是來去自如。

階級就是這麼一回事。

人離鄉賤，到了法國，就算仍然豐衣足食，也成了平頭百姓。幸運的伊芳從沒嘗過烽火連天的悲慘，戰爭追著她的後腳跟，步步逼進，而她在祖傳財富的庇護之下，總是逃過一劫。

從此沒再見過愛媚琳。當伊芳想念她時，會試著自己煮河粉，但永遠比不上當年河內舊區的河粉味道。

富過三代，才懂吃飯穿衣，從進士碑上的列祖列宗算起，何止三代？越南是魚米之鄉，加上十九世紀末法國人帶來直逼藝術境界的現代西式廚藝，伊芳自然懷念她兒時的滋味。

自古只有男人才有資格入祖譜，伊芳自己修祖譜，才不管那些破規矩，她把愛媚琳放入自己編寫的法越雙語的祖譜裡，還有她手繪的頭像。

咪咪得意極了：「我們都說，這位間諜祖姑婆，是全家族最酷的人。」

「窮人除了枷鎖以外一無所有，自然丟下一切革命去……」我說：「但為什麼率先參加共產黨的，除了什麼都缺的窮人，還有什麼都不缺的富人呢？」

「擁有一切的富人才能想東想西，希望改變社會呀。別忘了高等教育以前是特權。」伊芳說：「再說，中產階級忙著爬社會階層的樓梯，口袋已裝了不想失去的東西，眼睛又盯著想得到的東西，才沒興趣革命呢。」

「想來也是，臺灣日治時代的反抗運動，不是底層的農人和原住民，就是高社經地位的士紳。」

「自我實現，本來就是一種奢侈品。像我姑姑這樣的例子，我聽過太多了。」

伊芳的英文法國腔太重，多虧咪咪幫我翻譯，祖孫倆吐出的法文極富音樂性，嘴形像在親吻，清脆柔軟，親吻出一首美妙的旋律。

「法文聽起來眞像一首情歌。」我說。

「法文也可以非常熱血喔，」咪咪翻了翻白眼：「別忘了，就算外人覺得法國浪漫得不得了，我們也有激進瘋狂的一面。」

她比了比砍頭的樣子。

法國是輸出革命的溫床，近代政治制度的實驗場。

愛媚琳那一代的青年不可能只懂得用法語吸收精緻的物質文明，卻絲毫不受到自由平等博愛的號召。

而通常也只有富家子弟能接觸西方思潮，進行哲學層次的思辨，並且認爲自己夠資格參與政治。

殖民者往往和殖民地舊貴族聯手搜刮民脂民膏，這些富家子弟若要忠於理想，也只有脫離家庭。

殖民者現代化的奶水總哺育出叛逆的子女，殖民主義的沒落往往來自這種幽微的兩難。

就連國父胡志明也曾師事法國現代廚藝之父艾斯高菲耶，精通最困難的醬汁和甜點。在廚師身分的掩護下，四處串連奔走，滿腦子的左派革命思想，最終以共產革命贏得民族獨立。

二十世紀下半席捲中南半島的共產狂潮，是來自巴黎的火焰。革命是當季的流行。

世間最大的招搖不是你什麼都想要，而是你什麼都可以不要。愛媚琳捨棄她的豪華婚禮，尊貴賓客，以及巴黎的蜜月。這是豪門小姐才能揮霍的最大浪費。

「我一直很難過沒搶救下愛媚琳的照片，哪怕一張也好。」伊芳說：「不過後來想開了，反正搬那麼多次家，什麼都丟在後頭了。但我總會注意一些國家級展覽的照片和圖畫，說不定，愛媚琳會在裡面。」

「找不到也好，」咪咪安慰她：「那是很久以前的事了。就算照片有她，相貌也變了很多，不一定認得出。」

我邊吃河粉邊回想，博物館展覽室舊照片裡的女越共，全身髒兮兮的土氣舊軍裝。

其中一個會是當年穿著迪奧那一襲經典New Look纖腰圓裙，飄著嬌蘭香水味的愛媚琳嗎？

越南人總是說，越南的地圖像一根扁擔挑著兩頭重物，而一肩擔起的是女人。

婦女何止能頂半邊天？

這裡的女人挑起整個國家。

愛媚琳喜歡她的新國家嗎？

歷史巨輪總是由莽撞的青年推動，她曾後悔過她的天真嗎？貴婦整天做臉購物喝下午茶，固然不見得是最快樂的人生，但我皺眉暗想，愛媚琳接下來可能發生什麼事？

數十年來越南人受盡磨難，戰亂的苦，好比被逼著仰頭吞下一盤玻璃碎片。

脫下高跟鞋後，她可能是長髮娘子君的一員，在越戰中狠狠給美國大兵苦頭吃。

她可能擔任計畫經濟下的工廠會計，小有權力的黨內幹部，也可能沿街販賣河粉。

她可能終生不曾生育，也可能已有了數名受橘劑化學污染的畸形孫兒。

她可能老早死在監禁牢獄、嚴刑拷打、轟炸和地雷之下。

「革命吞噬它的兒女。」她也可能亡於黨內鬥爭之中。

不過，愛媚琳當然也可能還活著，雞皮鶴髮，滿面風霜，閒時坐在街頭巷尾，回顧革命就是請客吃飯的那段青春。

慢條斯理喝一口河粉湯，吐出和她姪女伊芳同樣的感嘆。

「畢竟，味道真的不一樣了。」

— 柬埔寨餐桌 —

魚湯米線的誘惑

河渠水池中，蓮花蓬勃怒放，小孩脫了赤條精光，歡聲跳入，濺起高高的水花，婦女們用水布遮身，走入河中浸泡洗浴，明眸褐膚，長髮披肩，肌理閃著光澤。

傳說很久以前，洞里薩湖的湖底住著龍蛇（naga），主掌這片水域。

一日，龍蛇的女兒划著船，遇上手持弓箭的印度王子。

於是，龍蛇張開大嘴，吸乾湖水，露出肥沃的土地送給女兒。

印度王子來到妻子的故鄉，建立家園。

龍蛇的女兒女婿統治的土地，水氣蒸騰，就是今日的柬埔寨。

意爲「生於水」。

第一章

又是雨季。

「豈有此理？阿加只是和尚的助手，和尚才是佛寺的主人！」暴雨滂沱，佛寺的住持老和尚對寺中阿加忙碌的身影，深深皺起了眉，不斷壓抑心中的嗔怒。

柬埔寨的佛寺長年僱用一群被稱爲「阿加」的助手，幫忙經營管理。

沒有人記得這個傳統是如何開始的。

一間大廟的知客、算帳、清掃、修繕、收租、法會等日常營運，多如牛毛，除非和尚親自捲起袖子，不然廟裡一天也離不了對工作駕輕就熟的阿加。

住持老和尚與寺中的阿加，暗地衝突不斷，彼此只剩一層薄薄的禮貌。

和尚地位崇高，不管誰跟和尚說話，都需遵守禮節，村民們怕失禮，總是透過阿加居中傳話。阿加是神聖和世俗的中間人，身兼祕書、助理、幫手、管家、會計、公關、業務、經紀人、伙計、司機、工友等職。

如果沒有阿加，誰來做這些雜務俗事？

和尙甚至不該割雜草。

住持走入大殿，眼花撩亂，彷彿走入婚禮布置會場。只見大阿加梵那席地而坐，大清早帶領村裡的婆婆媽媽，用香蕉莖和花朵一起趕做法會的用品，大家手腳敏捷，沒有多餘的動作。因爲和尙嚴守過午不食的戒律，最晚一定要在十一點前結束儀式，奉上食物，好讓和尙吃飽。

柬埔寨是母系社會，年長婦女是家族中的女家長，掌握一群老太太，就等於掌握了整個社群。梵那阿加最受老太太們信賴，也最常私下受邀去家中，施法唸咒，捉神弄鬼。

這就是住持和大阿加梵那之間的最大衝突的由來。眞正的佛教徒追求能洞悉無常的智慧，而不是靠賄賂鬼神得到眷顧。一切只能靠自己。

佛陀要的是學生，而不是信徒，祂在世時曾說：「質疑我，挑戰我，跟我辯論，在親身驗證我的教導之前，請不要盲目跟隨我。」佛只是老師，若學生自己荒廢學業，只忙著跪地膜拜老師，當然一點長進也沒有。

住持想弘揚的是純化佛教，走的是樸素嚴謹的中道，回歸本來面目，自然不

柬埔寨當地村落聚會。

和尚當然端坐上席念經，享用膳食。

屑算命咒術祭祀。他打從心裡看不上阿加的怪力亂神。

「阿加就是迷信呀……」住持總是嗤之以鼻：「人只能自救，連佛陀都說自己是凡人，只是指路的嚮導，阿加唸那些咒語能幫上什麼忙？對那些鬼神祈禱又有什麼用？無非騙騙無知的村婦而已。」

如果將柬埔寨的佛寺比喻成一所大學，和尚是在象牙塔裡皓首窮經的教授學者，爲了讓和尚一心向佛，深入經藏，通透玄妙高深的哲理，就需要阿加這樣的外包人員來代勞日常庶務。

不過，阿加不是廉價勞動力，他們會在外面自由兼職授課，知識面更廣更雜，更通曉人情世故，可以用嚴謹高雅的柬文與和尚交談，還能讀南傳佛教的巴利文，甚至少數印度教的梵文。

照理說，阿加在佛寺就只是幫手，七十歲老阿加見了七歲小和尚，也要低頭頂禮。

但事實上，阿加是社群的中心人物，主辦各種公共儀式，見過大場面，龐大的預算和人力都由阿加一張嘴調度，手中籌碼充足時，常明裡暗裡與和尚爭奪佛寺的主控權。

爭奪什麼呢？

權力。

香火錢、廟產、土地和業務收入，古剎大廟的資產非常驚人。

阿加往往占上風。

和尚是佛法僧三寶之一，既是佛陀的弟子，也是佛法的具體化身。做法事誦經時，和尚端坐榻上正席，而阿加率領女眾，垂首斂目，坐在下方。

南傳佛教地區的青年遵循傳統出家為僧，可能只有短短十天半個月，也可能長達數年，終身為僧也不少見。

和尚還俗不是出家失敗，只是人生選擇的不同。「佛寺把男孩從稻田接過來，調教成男人，再送回給稻田。」

和尚一旦離開寺院，就無法過問佛門中事，而阿加不像和尚受佛門清規拘束，他們住在佛寺附近，每天來上班，結婚生子，養家活口，年復一年，做為萬年助手，反而成了地頭蛇。

流水的和尚，鐵打的阿加。

再說，要當阿加，必須先當過和尚。因此阿加了解和尚的神聖，和尚卻不見得了解阿加的世俗。

照理說阿加對和尙應該俯首聽命，不過一旦由幫手成了管理者，他們反過來監視和尙的行止規矩，像個主導大局的藏鏡人。

這種矛盾常讓老資歷的住持吞不下去。

看大阿加梵那一站出來，一呼百諾，渾身氣勢可以震住全場，目中無人，住持已經無法忍受了。

但他生氣也沒用，不但寺中阿加們全聽梵那的，很多和尙也是梵那調教出來的人馬，自己舒服慣了，只能像一尊沉默的佛像，不發一語。

坐轎子和抬轎子是兩群不同的人。轎子坐久了，會誤以爲自己高高在上，發號施令，但其實只是由底下人扛著走。

扛轎子的人，自作主張，或乾脆劫持轎子。主人爲了顏面，審時度勢，只好裝做不知道。

所以住持對從小看到大的頌涅期望甚高，只等他羽翼豐滿，成爲自己的臂膀，好壓下阿加們的氣燄。

頌涅從小來到寺中，已長得比住持還高，清早盥洗，除了刮頭皮，還要刮鬍子。

頌涅打坐時，背脊像菩提樹一樣挺拔，學經時思緒像陽光一樣明朗，給信眾說法時，聲音像銅鐘一樣嘹亮，經行時收攝意識，像貓捕鼠一樣專注。

「等頌涅成熟了，一肩挑起如來家業，再好好教訓那些阿加，讓他們知道自己的本分。」住持懷著幾分欣慰，這般盤算。

但住持心裡清楚，就算披上了橘色僧袍也是凡胎俗骨。每個人體內都潛伏著一頭獸，長到十多歲時就開始張牙舞爪，領著人過完充滿欲望的一生。

青年身上流竄的賀爾蒙，就像雨季暴漲的河水，淹沒了每天行走的路徑。住持想傳衣缽給愛徒頌涅，除了要小心阿加，還要小心女人。

第二章

一日，頌涅在寺中看到一位女施主對梵那阿加深深行禮：「我想供養和尚。」

梵那臉上有幾分不屑，不置可否：「最近法事很滿……」

「如果……」她欲言又止：「我想送我弟弟來當和尚……不知要如何安排……」梵那冷著臉說：「不要以為我不知道你在城裡做什麼買賣，像你這種女人不該出現在這裡。」

她臉刷一下通紅，眼眶也紅了：「我可以做任何事……希望能請和尚幫病重的雙親念經……我小妹最近也出了意外……」

頌涅的目光和她對上，她立刻低頭行禮。

「我們在哪裡見過嗎？」頌涅心中疑惑，她的眼睛水汪汪的，匯集了她累世的眼淚。一股莫名的懷念襲來，彷彿脖子上綁了一顆大石頭，讓他一下子沉到水底。好不容易踢水浮到水面，大口呼吸，卻看到她離去的背影。

頌涅像浮在河裡的葉子一樣失了方向。他心不在焉了好幾天，不斷扼腕：「如果我當時多說些什麼，她會怎麼樣？」

但眞讓他開口，他身爲和尚，又能說什麼？

一生中遇到的人很多，留在你心中的只有一個。

結識的機會也只有一次。

梵那阿加看在眼裡，或許他可以讓機會發生第二次。

和尚長達三個月的閉關即將開始，各種準備工作讓阿加們忙成無頭蒼蠅，沒辦法事事上心。

一日法會過後，頌涅竟然落了單，急急步行回寺廟，肚子餓得直叫，一心只希望趕上午飯，對佛寺中的阿加怒火中燒：「都怪阿加做太多迷信的儀式。又沒安排好交通。」

阿加們謙恭無比，你感覺不到他們在發號施令。

然而他們就是。

住持老和尚跟阿加槓上，卻又沒人說破。阿加架空住持的權力，還三不五時給親住持的和尚們下馬威。

大阿加梵那清楚頌涅未來是巨大的威脅，總愛惡整他，拉長阿加主導的儀式，讓他和師弟們吃不到午飯，只能吃悶虧。

頌涅知道住持老和尚指望自己以後能一起鬥鬥阿加，但目前他連日常作息仍掌握在阿加的手裡，法會時間地點飲食交通這些瑣碎細節，全是阿加出面和村民敲定的。

「和尚只要安享尊榮，內觀禪修，端坐念經即可，什麼事都不勞沾手。」面對頌涅，梵那總是四兩撥千斤。

頌涅就算爲午飯出聲抗議，也只換來阿加們不鹹不淡的諷刺：「佛陀求道時一天只食一麻一麥，和尚地位尊貴，爲挨餓這點小事抱怨，傳出去多難聽？」

和尚只吃早午兩餐，過午不食，錯過了就不能補吃，又絕對不准拿錢去外頭買東西吃。金錢是污穢之物，會髒了和尚的手。

所以一開始才要阿加幫忙管理。

頌涅餓到頭昏眼花。仍寧願驕傲地空著肚子，打起精神，維持僧侶的威儀。

反正一切食物，都是多種因緣的組合，本質是流動而噁心的。

把挨餓當成禁食修行就好。

天氣悶熱，又突然下起雨來，行住坐臥，頌涅都不願失了莊嚴，快速大步走到屋簷下，已一身溼。

一名蹲在屋簷下賣吃食的年輕女販，原本埋頭挑菜，耳聞有人來，抬頭一笑，見是和尚，又立刻合十行禮。

「竟然是你！」他又驚又喜。

她那一低頭的溫柔，那美麗的頸部線條，讓頌涅幾乎窒息，雨水沿著他的臉朧流下來，彷彿在流淚，他心想：「爲什麼我會那麼想念一個連名字都不知道的人？」

她賣的是淡咖喱魚湯米線（num banh jok）。

他想吃。

清晨托缽所得的通常都是米飯，或是比較乾的固體食物。

沒有湯湯水水，汁液淋漓。

和尚不能貪嘴，化緣到什麼就得吃什麼。

廟裡的膳食更不得挑挑揀揀，施主供養什麼就吃什麼。

頌涅餓扁了，現在就是想吃一碗順口舒心的魚湯米線。

想吃想吃想吃。

「世上不存在不好吃的東西，只是不合你胃口而已。」他想起住持老和尚的教導。

想吃想吃想吃。

「想吃、好吃、難吃，這些話都是禁語，和尚豈能隨口說？」腦中又傳來師父的聲音。

頌涅等著雨停，有點心急：「眼看又要錯過寺中午飯，那豈不是要再餓到明天早上？」

又覺得枉費自幼在廟裡修行，竟然只爲了午飯那麼焦慮。

想吃想吃想吃。

頌涅努力控制自己的心神和思緒，肚子卻開始作響。

那女子彷彿聽到頌涅肚子咕咕叫，雙手遞過一碗米線：「法師，請接受我的供養。」

她說的是外地口音。

魚湯米線是最尋常的食物，女販清晨煮一鍋，放在路邊等客人上門，加些生菜和米線，澆上魚湯，村人並肩蹲坐，稀哩呼嚕吃一碗下肚，接著又各自忙碌。

她手腳伶俐，擔著那麼小的攤子，提供那麼大的滿足。

「這豈是下箸之物？不可迷失在美味之中！」師父的聲音如影隨形，更冷峻嚴厲。

想吃想吃想吃。

頌涅客氣再三，但大雨就是不停，肯定無法在中午前趕回廟裡，他沒辦法餓到明天早上。

與其餓昏，不如接過碗來。畢竟，和尚接受施主的供養，好接引施主和佛門結緣，也是他的義務。

「哎呀……」她說：「稍等一下，幫您加上小黃花。」

頌涅愣住：「這花沒什麼味道，只是漂亮而已。」

她微微一笑：「對呀，吃花不爲了什麼，就是漂亮。」

薩媚就這樣遇到頌涅。

「我弟弟也很喜歡吃我做的米線。」她頻頻幫餓壞的頌涅加湯添米線。換成別的場合，她只能躬身禮拜他，一句話也不敢多說。

頌涅本來就正值食量最大、食慾最旺的年紀，他對薩媚的供養感謝不已。

米線像生於河邊的女子，一身水秀。

薩媚將兩三束早上現做的細米線放入碗公中，配上各式生菜，有豆芽、黃瓜絲、四季豆、香蕉花、蓮花梗、楚楚可憐的水生小黃花（**pka snao**）等等，還有芬芳撲鼻的九層塔、薄荷之類的香草，然後淋上幾勺室溫的椰奶咖喱魚湯。

隨個人喜好擠上青檬汁或辣椒。

香蕉花事前需要用水加檸檬汁泡過，不過其實只要是爽脆多汁的新鮮蔬菜，基本上都可以用。

那一鍋椰奶咖喱魚湯才是這種米線的精華。

首先把河魚和一束香蘭葉放入鍋中煮熟，再把魚撈出，剔魚刺，只留魚肉。魚湯過濾，備用。

用杵臼把南薑、香茅、薑黃、箭葉橙葉、丁香、箭葉橙皮、凹唇薑和花生等等搗成新鮮香料泥，再把挑好刺的魚肉加進去，繼續慢慢搗，搗得越細就越入味，然後全部倒入剛才的魚湯裡。

最後加入蝦醬、魚醬、魚露，棕櫚糖和鹽調味，以及椰漿和椰子奶油。慢煮數分鐘，放涼。

整天都可以吃，當點心或正餐皆宜。

椰奶咖哩魚湯鮮美溫潤，新鮮菜蔬在口腔中喀喀作響，米線隨著筷子三兩下咕嚕咕嚕滑入食道，看起來滿滿一碗公，份量驚人，但吃起來非常爽快順口，連吃三碗也不覺得膩。

躲著大太陽吃冷食，像在懷裡揣了一大叢迷人的野薑花，腸胃安適，解溽消暑，體重彷彿瞬間掉了五公斤，令人清爽到幾乎迎風飛了起來。

這種米線湯只有在綠意盎然、花草繁盛的魚米之鄉才有。

「這眞是全柬埔寨最好吃的魚湯米線。」他這麼想，但他知道他不應該對食物有任何執念。

頌涅回寺，午飯時間已過，大阿加梵那合掌恭迎。

「這隻老狐狸裝什麼？好在我已經吃飽了。」頌涅心中有點得意，他這次接受薩媚的供養是合乎規矩的，清清白白，堂堂正正。

但他知道什麼都瞞不過梵那阿加，他耳目衆多，鼻子像隻狗一樣靈敏，連隔壁人家鍋裡煮什麼魚都聞得出來。

薩媚是外地人，所以這次才供養他，等阿加派人謝她一聲，大廟和尚規矩多，下次她就不敢了。

就像窮人羞於用粗糲的日常便飯來招待貴客一樣。

雨季的天空很低，彷彿伸手就能抓下一大把白雲，在掌中搓揉。

因此雨來得很快。

剛剛才陽光普照，黃土路熱得燙腳，突然間，天上像破了一個洞，飛天仙女忙不迭地往洞裡倒水，化成豆大的雨點落下，渺小的路人，鳥瞰如同螻蟻，頭上紛紛挨了埋伏。

棒喝連連，讓人頓悟成佛。

人人氣定神閒，並不怎麼躲雨，反而常趁機接水來洗被單鍋碗。「躲雨？衣服會濕就會乾，有什麼好躲的？」

馬路淹水，頓時成了小溪。熱帶陣雨來去如風，把暑氣都帶走了。有時池塘的魚蝦會被暴漲的水流帶到路上，所以雨停後，鄉間小徑上常看到魚蝦。

柬人擅長控制水、運用水、崇拜水、迷戀水。河湖漲退的水量變化，就像生老病死一樣理所當然。每年雨季結束時，還舉辦送水節來感謝水神帶來的漁獲和稻米。

高腳屋下方旱季用來乘涼，種菜種米，雨季水量暴漲，划船爬上長梯，可以避開氾濫洪水。

地圖上標示黃藍兩種顏色，黃色是黃色實地，藍色則是隱隱水紋，表示雨季水位上升的範圍，交通和生活受到乾季雨季的影響。

河渠水池中，蓮花蓬勃怒放，小孩脫了赤條精光，歡聲跳入，濺起高高的水花，婦女們用水布遮身，走入河中浸泡洗浴，明眸褐膚，長髮披肩，肌理閃著光澤。

「那魚湯米線的味道真是太迷人了，可惜以後吃不到了。」頌涅晚課之後，不禁出神：「這才是熱天的食物。這才是雨天的食物。」

想吃想吃想吃。

頌涅再次看到薩媚，幾乎歡呼起來，一向老成的莊重不見了。

兩人建立了默契，一種甜蜜的共謀，無聲約定了偷吃米線的祕密地點。

每當頌涅受了阿加的氣，薩媚就會恰巧出現，溫顏軟語，悄悄提供點心止飢。

頌涅開始期待薩媚的身影，像蛇一樣曲線誘人，眼珠如沒有星星的夜一樣漆黑。

薩媚不像其他婦女一樣在和尚面前安靜恭謹，她一點都不怕羞，眼睛水靈，言語活潑，會大膽開玩笑，幾分俏皮幾分戲謔。

她也有幾分俗氣，不懂頌涅博雅高深的學問，只知道該做做樣子表示佩服，但有時會不客氣地啐道：「你們這些大廟和尚不用自己討一口飯吃，過得太舒服了，不知窮人有多苦，吃不上飯，揭不開鍋，親人生病也沒錢醫治，要去借高利貸。」

罵著罵著，逕自紅了眼眶。

頌涅第一次遇到女人對他那麼壞。

又或者是對他那麼好？

頌涅沒了頭緒，他這輩子第一次直接和女人說話。

雨季所有的一切都很潮溼，頌涅的心彷彿也可擰出水來，他感受到一股原始陌生的衝動，如同風一樣灌進體內，像膨脹的帆，牽引小舟航向未知的水域。

他不自覺地舔舔嘴，雙唇無力地微張蠕動著。

頌涅知道自己犯戒了。

怎麼可能不呢？

和尚起碼要遵守兩百多條戒律，從小好像不管做什麼都會犯戒，特別是那些令他快樂的事。

生平頭一遭，他想擁有自由。

他想擁有愛吃什麼、就吃什麼的自由。

他的欲望越來越強烈，不管他吃了幾碗，他的身體還是感到巨大的餓。

頌涅說：「怎麼每次我餓了你就會出現，好像寺裡有人給你報信一樣。」

「聽聽，聽聽，大和尚把自己當成世界中心了。」薩娟說：「我不眼觀四面怎麼招攬客人呢……」

「可惜你只有我這一個不付錢的。」頌湼赫然發現自己竟然在調情。

不成體統，太不成體統，完全不成體統！

但破戒的感覺眞是……太好了。

「你從小出家，一定不曾自己親手賺過一塊錢。」薩媚爽快直接，反而讓頌湼感到自在無比。

「當和尚讀書念經，以後結婚成家容易多了，」薩媚心中盤算，又嘆了一口氣：「如果我小弟能去你們寺裡當幾年和尚，那就太好了！」

柬埔寨家庭偏好把男丁送去外地的佛寺當和尚，家中打點錢糧盤纏和捐獻供養，這可是不小的負擔。

頌湼答應向住持打聽看看，但他知道這其實是大阿加梵那說了算。

薩媚挑著擔子，腳步一滑，頌湼伸手扶了她的腰，才沒摔得一身泥。她嘴唇溼潤，雙眼盈盈，像洪水一樣，幾乎讓他滅頂。

還好大雨剛過，路上泥濘，行人稀少。

頌湼不禁伸手摸薩媚的臉頰，她笑了笑，伸了手把他的手按在自己臉頰上，

阿加帶著地方婦女做儀式用具。

他隨即縮手。

她把頭轉一邊，兩人低首無言。

當心中有一個人時，心會高聲歌唱。頌湼想跟每個人分享他的喜悅，卻只能在四下無人的時候偷偷傻笑。

住持彷彿聽到風聲，當眾開示：「人們給我們食物，是爲了讓和尚活得長久，好好學習經文，把佛法傳給人們，當作回報。如果你只是貪嘴好吃，挑三揀四，不知道食物的道理，那吃進去的食物會變成火，把送你到地獄裡。」

「和尚不可以對食物有任何的欲望。」住持強調。

和尚們當然都知道，與其滿足欲望，不如平息欲望。

然而欲望如果那麼容易平息，就不叫欲望了。

「食欲驅動性欲，讓和尚開始思春思凡。」住持心事重重，寺廟的教育功能漸漸被世俗的學校所取代，青年不像以前一樣在寺廟安身立命，外頭的花花世界吸引人多了。

時局膠著，內戰的腳步聲越來越響，接下來不知道會出什麼大亂子？

「人生無常，一切都是夢幻泡影，如何超脫，到達彼岸，才是修行正道。」

住持諄諄教導：「當心呀，你們要當心。」

無我，無我，即根本沒有自己這個人存在。既然沒有我，那也就沒有欲望的載體。

欲望應該就像一陣水氣煙霧般消失了。如同夢幻泡影。

頌涅聽出住持老和尚話中有話，心中忐忑：「魚湯米線的約會傳進師父耳中了嗎？」

「師父。」頌涅試著叫住老和尚。

老和尚只說：「你以爲滿足欲望就是自由嗎？你不過是欲望的奴隸。」

頌涅看著住持老和尚的背影，嚥下心頭翻騰的話：「師父，我自小就來到寺廟當和尚，沒享受過世間的歡愉，嚴守戒律，不曾牽過女人的手。」

他轉身跪下禮佛，看著佛像金身，開始起疑：「他是尊貴的王子，後宮佳麗三千，從小什麼都有。他享盡一切繁華後，自願出家。那我有什麼選擇呢？我是孤兒，從小寄養在廟裡，什麼都沒有。」

佛陀也曾放縱情慾，享受男歡女愛，夜裡妻兒依偎身旁。

難道他不是因爲經過這些凡塵俗事、兒女情長，才開悟成佛的嗎？

「放下。」住持總是說：「這都是空。你要放下。」

「放下什麼？我手上根本從來不曾擁有過什麼。不曾拿起，要怎麼放下？」信衆供養和尚好累積功德，說穿了，他只是媒介。但他是人，他希望薩媚喜歡的是他這個人。他只是個穿著僧袍的男人。

「薩媚這個時候在想我嗎？」頌涅戀愛了，胡思亂想，無法控制，就像他無法控制肚子會餓一樣。

上座部佛教文化中，社會大衆接受和尚還俗。只要條件許可，家家戶戶都把兒子送去當和尚，受教育長見識，成爲一個更好的男子，更適合的結婚對象。柬埔寨每個丈母娘都知道好和尚是好女婿、好丈夫、好父親。

所以頌涅動了凡心也不是壞事，他從小的修行更不算一場空，以他在大廟出家的資歷，一個通曉巴利文的馬哈（通過巴利文檢定的優秀僧侶），在婚姻市場是搶手貨。

就像一個常春藤高材生在求職市場上那麼吃香。

只要他開口，按照規矩還俗後，安排的相親對象不會是路邊拋頭露面的米線小販，而是富貴人家的千金小姐，他未來的孩子可繼承岳母的家業，一生安樂。

但住持深知能繼承衣缽的僧才難求。就像學閥中的教授當然希望自己培養的學生一路升學、任教職，好光大門派，壓下鳩占鵲巢的阿加。

面對師父的殷殷期盼，頌涅一時無法對師父坦白他的天人交戰。

他羞於開口。

頌涅完全不懂女人。

怎麼可能懂呢？

和尚身分尊貴，良家婦女懂得收斂自己的美麗，保持距離，絕對不可接觸和尚，連衣角也不可以。她們怕說錯話，最尋常的話都要阿加居中轉達。

她們見了頌涅就是低頭，雙手合十，高舉過頂。頌涅只看到她們頭頂中分的髮線，不管是烏黑，幾縷灰髮，或是白髮蒼蒼。

念和尚學校的男生哪裡知道世間險惡，女人明亮的眼睛，柔順的秀髮，軟嫩的雙手，能輕易讓毫無抵抗力的和尚暈船。

老和尚要弟子修白骨觀，觀想白骨森森，但女人就是溫香軟玉，水布下若隱若現的乳溝。

要弟子修不淨觀，觀想腐敗惡臭、蛆蟲鑽動，不過女人剛在河邊洗浴完，渾身肥皂的香味。要弟子以人身爲舟，度過苦海，到達彼岸，不過小船就是翻覆在女人水汪汪的眼睛裡。

古老經文警告連連：「情欲炙盛時，就觀想男女交和，是把陽具放入充滿尖牙的毒蛇口中。」

「如果薩媚是毒蛇呀……那我寧願被咬……」師父言之鑿鑿，徒弟欲望滔滔。頌涅藏起薩媚擦汗的毛巾，深夜他將臉埋在毛巾裡，悄悄大口吸氣。

頌涅墜入愛河，周圍的空氣飄著魚湯米線的味道，他夢中不斷聞到薩媚的香水味。至於爲什麼一個女販會使用香水？他失去了基本思辨能力，他只想和薩媚晚上一起入睡，早上一塊醒來。

薩媚夜夜來到他的夢中撩撥他，讓頌涅紅著臉，一大早偷偷摸摸清洗睡褲，他雙手浸在水裡，傳說仙女由水中誕生，女人像水一樣流動，水一樣包容萬物。

龍蛇的女兒若爲了維持曼妙身材而愛吃魚湯米線，一點也不奇怪。這種水氣淋漓的食物，只能出於這種水鄉澤國。

頌涅彷彿乾季的龜裂土地，注定遇上薩媚這場大雨，才活了過來。

「找個地方，我想單獨和你在一起。」她是如此的誘惑他，像潮水，像落雨，像洪濤，無法阻擋。

一個夜裡頌涅和薩媚終於在廟中最偏僻的舊廂房私會，外頭仍霪雨不斷，一切都被水淋濕，氾濫成災。

大雨落在屋頂上，兩人在喘息中，盪起雙槳划著小船，廝磨交歡，親狎撫愛，頌涅像發現至大奧秘一般，濡濕、驚喜，最後經歷瀕死的劇烈痙攣。

女人雙腳之間才是通往涅槃的路，和薩媚獨處一室就是西方極樂世界。

「如此美妙，怎麼可能是罪？」

頌涅驚訝震動，雙眼溼潤，抖著嘴唇，默默感激，不斷親吻薩媚：「謝謝妳謝謝妳……」

薩媚一時動情，推開他，低聲說：「快走，我不是你想的那樣。」

頌涅渾身癱軟，仍然沉溺其中：「什麼……」

薩媚越來越著急，跳起腳來，把僧袍丟給他：「快穿上。他們要來了。快！」

「他們是誰？」

一切就像計畫好似的，梵那阿加帶了手下，破門而入，抓姦在床。

頌涅才剛倉皇披上的僧袍，被梵那阿加上前親手剝除。

「請住持來。」阿加露出豺狼一般的笑：「好處置這個六根不淨的花和尚！」

昏暗燈光下，住持老和尚看到頌涅赤條精光，五花大綁，一身狼狽，低頭跪在泥地裡。

老和尚流下失望的淚，殷切期盼全成了空，搖頭可惜：「自幼的修行，付之流水。」

注定腐朽的人身，如著火的房子，男歡女愛宛若刀頭之蜜，頌涅無法降伏欲望，於是欲望如同洪水一樣吞噬他。

「你一旦嚐過女人的滋味，就不再是和尚。」梵那阿加說：「你不是偷騎摩托車嗎？後頭還載年輕女人！別說沒有！村人都看到了。」

頌涅看薩媚雙手捂著臉，長髮散亂，不敢跟他眼神交會。

阿加為了霸占佛寺的主導權，想盡辦法逼走有潛力的青年和尚。

野心讓阿加不擇手段，而貧窮讓妓女沒有選擇。

因此阿加和妓女是最佳拍檔。

花點錢僱外來妓女來施展魅力，就可以勾引和尚，並且毀掉和尚。

阿加表面恭順，城府深沉。

老住持活在象牙塔中，不食人間煙火，對阿加的手段就算耳聞，空口無憑，根本沒轍。女人攻勢強勁，只能防守，他無法嚴加管束手下的青年和尚，就已輸了這盤棋，大失顏面。

和尚比阿加遵守更多戒律，所以道德地位遠高於阿加，因此阿加最好的拆臺方式，就是讓和尚破戒。

柬人的自尊多麼高，鬧到這麼難看的地步，住持老和尚想護短，也說不出口。

「和尚一破了色戒，沒吃牢飯已經算幸運了。」梵那阿加步步逼近。

「若傳出去讓村民知道了，你小命可能不保……趁還沒鬧大，快走吧。」住持只能清理門戶，含淚讓苦心栽培的頌涅離開。

頌涅拿著細軟行李，被趕出自小住慣的寺廟，身後大門關上後，他發現自己沒有地方可以去。

「薩媚人呢？」

他癡癡找了數天。

薩媚沒有在祕密偷吃魚湯米線的老地方等他。

她一直沒來。

或許「薩媚」從沒來過，連名字都是假的。

頌涅回想，自己對薩媚一無所知。她說的一直不是眞話，而是頌涅想聽的話。她彷彿有所計畫，就像一條蛇在逗弄一隻無知的老鼠，再吞噬牠。

和尙一陷入狂戀，和其他青年沒什麼不同。就算女孩要他睡在雨中，他也會立刻躺下照辦。渴望如水，需要去處，否則將淹沒沿途一切事物。慾念洶湧，如江河入海，亦無法滿足海洋。

除了自己，他能怪誰？

既然剃度出家，還想要「拿起才是放下」？還想要「不負如來不負卿」？

他掛念薩媚。

但他終於知道薩媚並不掛念他。

她甚至懶得再騙他。

人爲了愛，會做無數傻事。他的初戀如流水如朝露，只是一場仙人跳。

第三章

和尚接受眾人供養，言行舉止必須莊重殊勝，飽讀經書。自小出家的人離了寺廟，就像軍人退伍離開部隊。頌涅是過早被戴上巨大冠冕的孩子，對書本知識了解太多，對現實生活體會太少。

他這個書呆沒有一技傍身，經文和禪定對生活沒有幫助，塡不了肚皮，換不了糧食。一樣的誦唸儀軌，失去和尚身分後，就沒了價値。

和尙一犯了大戒，連阿加也當不成。名聲一臭，更沒人幫忙做媒。柬埔寨的青年娶親後，才能透過妻族，在社會上獲得一個新的位置。

頌涅無法在充滿堆肥的水田裡，跟在水牛後面犁田；不懂得撒漁網的訣竅，險些扭了腰，更不太會游泳。

頌涅和女販行邪淫，名聲掃地，他羞於見人，之前建立的人際網絡全沒了用處，沒辦法體面謀生。

肚子會餓，總要低頭討一口飯吃。自暴自棄似的，頌涅成爲一個腳踏車伕。

「哪個女孩會看上我呢？是我自己昏了頭。」頌涅踩著踏板，拖著長長的影子，每日在心中嚎叫，表面上寡言少語。

「承認自己是傻瓜比較好？還是癡情比較好？」河水粼粼，彷彿能透光，但暗藏伏流，頌涅彷彿被卷到不見天日的河底。

他看著河邊魚販撈起活生生的魚，刮鱗去鰓，剖腹清腸，手起刀落，魚身已被切成兩段，魚嘴仍然一張一閉。

他是那一條離了水的魚。

他希望世界就此毀滅。

於是，萬物傾頹。

紅高棉那幾年，像黑洞一樣吸入周遭所有的光。空有理想卻不懂社會運作的左派青年推翻了政府，權力在短期內讓他們全發了狂，社會解體停擺，只剩鬥爭和饑荒，數百萬人死於無知的暴力，以及暴力的無知。

城市被清空，寺廟被摧毀，經書被焚燒，無數和尚與阿加遭了殃，做為享盡特權的知識分子和大地主，他們首當其衝，像牲口一樣被拉到田裡，用鋤頭砍死，再推進大土坑。

「不事生產的寄生蟲！殺了你沒有害處，留著你沒有益處！」

顯赫的高僧和大阿加像牛一樣拉著鐵犁耕田，做最重的活，吃最少的口糧，活活累死餓死。

擁有知識就該死，連戴眼鏡也是一宗罪。

一個文明正在崩潰。一個民族正在自殺。

頌涅當初被趕出佛寺，反而躲過一劫。

腳踏車伕粗魯無文，目不識丁，兩腳都是泥，多虧踩腳踏車所鍛鍊出的筋骨氣力，他咬緊牙根撐了過來，踏著遍地死屍，蹣跚行過地獄。

「孤身一人也沒什麼不好，死了也乾淨，若親人離散失蹤，反徒增掛念。」

紅高棉垮臺後，時局仍然動盪，骨瘦如柴的孤兒乞丐滿街都是。不管日子再難過，飲食男女，人之大欲，頌涅繼續低頭踩著踏板，在紅燈區招攬客人。

一日，他在紅燈區招攬了一對酒醉的客人。那妓女和身旁恩客上了車，還不斷調笑撫摸，淫辭蕩語。

「這是薩媚的聲音，」他激動起來：「她果然是妓女。」

「你難道不知道愛情是虛幻的嗎？。」他想起師父當時的痛心疾首：「那女人是滿口毒牙的蛇。」

乾季不下雨，他低頭看著水一滴兩滴三滴落在泥土路上，是汗也是淚。

她早已不認得他。

她憔悴了很多，乾癟的臉頰畫著濃妝，像一個面具似，不過聲音沒變。

他早也不是大廟之中那位慣受人頂禮、前程光明的青年和尚。

他只是個踩踏板的兩腳牲畜。

他被生活驅使，慣於討好。

頌涅的年齡增長沒趕上世事的劇變，他恍如隔世，像老人一樣回憶過去，回味那一碗碗魚湯米線。但明明他還沒老去，一頭黑髮，雙腳肌肉糾結，布滿青筋，肩頸被陽光曬成泥土色。

怒氣湧上心頭。

頌涅想把車騎去陰暗偏僻的地方，頌涅想去撞大卡車，頌涅想割斷她的喉管，頌涅想掐住她的喉嚨，頌涅想拿刀在她身上戳十個八個窟窿、頌涅想澆汽油點火焚燒。

頌涅想把這條毒蛇切成一段一段。

他腳不沾地，闖過烈燄熊熊的修羅場。

當年柔情似水，今日妒恨如火。薩媚不知道她在鬼門關前走了一遭。這些年來他心中滿懷惦掛，而她竟然付了車費，一走了之。

薩媚到底有什麼錯？

只因爲他愛她，她卻不愛他。但他這個人懂愛嗎？

頌涅心硬如鐵，幾百萬人死亡的慘劇發生後，他仍然只顧惜他的自尊。

第四章

沒多久，有個外地人找上前來，打聽頌涅這個人，主動幫忙做媒。

依照柬埔寨的傳統，土地房屋歸女兒，兒子長大則送到寺廟去接受教育，日後還俗入贅，就算生育也是在他妻子的床上，孩子未來繼承的是岳家的產業。

太太小時候受了燒燙傷，半邊臉留了傷疤毀了容，她習慣把頭轉一邊，低首無言，露出後頸線條，羞澀得想要藏起來。頌涅不在乎，如果可以他也想藏起來，他除了破碎的靈魂，一無所有。

婚禮儀式中，他拉著太太禮服的後襬，模仿當年印度王子拉著龍蛇之女的尾巴來到柬埔寨，頌涅也搬到太太的故鄉吳哥居住。

婚禮由村裡佛寺的老阿加主持，看中頌涅讀書識字，指名要他去幫忙。

太太說：「老阿加收徒弟出了名挑剔，年紀大了脾氣隨和多了。」

頌涅問：「他幾歲呢？」

太太搖頭：「我不知道，印象中他一直那麼老，隨便說他幾歲都可以。」

這家佛寺很小，百廢待興，跟頌涅以前待過的古剎規模根本不能比，錢少了人就少了，問題也跟著少。

那麼一點寺產連老鼠也餵不飽，根本不值得勾心鬥角。

聽說太太的哥哥曾經在頌涅待過的大廟出家，但從此沒回來，那間廟的和尚和阿加在紅高棉時期死傷慘重，離散蕭條，沒人記得他的醜事。

相較於紅高棉那麼重大的罪行，一個淫蕩破戒的和尚根本微不足道。

亂世讓一切重新洗牌，頌涅才得以通過村人的打聽盤問，從外地的腳踏車伕變成老阿加的助手。

老阿加住在佛寺附近，閒時在家裸著上身乘涼，背後有顯眼的刺青，園子種著各種草藥和菜蔬，他一邊搧著團扇，一邊閱讀從上一輩的阿加師傅那裡傳承來的古老經書，等村人帶著疑難雜症上門。

除了打理佛寺的行政雜事，老阿加私下的業務範圍很廣，坐鎮婚喪喜慶，恭請滿天神佛，更重要的是控制雨水。

頌涅每天告別妻小，前往寺廟打雜聽差，服務和尚，跟著老阿加學法術咒語，再回家吃飯過夜。

他白天努力賺錢養家，晚上像一個孩子被允許吃多少糖果都可以，感受太太的體溫，一起死去又活來，就像魚在水裡游動。

太太一懷孕，肚子一日一日灌了水似的鼓脹，老阿加難得給頌涅大大嘉許的眼神：「幹得好幹得好。」

看著在羊水中泡得皺巴巴的新生兒，頌涅當了爸，卻不太有眞實感，小孩一哭鬧，他還心裡奇怪：「怎麼有小孩在哭呀？誰的小孩？」直到太太在半夢半醒間露出乳房哄小孩吃奶，他才好笑起來：「喔……是我的小孩。」

頌涅當和尚時，十指不沾陽春水，他對信眾的心態，就像蹲下身來耐著性子和小孩說話，什麼雞毛蒜皮、芝麻綠豆，手足爭寵的家庭瑣事，水牛踩了誰家菜園的鄰里紛爭，他像看著一群兒童在嬉戲，爭奪玩具紙鈔和泥土玩偶。

身爲阿加，他開始學習花花人世的貪嗔癡慢疑。

他惦記著米價、生活費、小孩學費、汽油錢，爲了養家活口，他也俗氣起來了，比誰都市儈了，作夢也想錢了。對唸咒作法的收入也不得不斤斤計較了，甚至危言聳聽來招攬生意、收取回扣了。

他過起凡夫俗子的生活，才開始了解凡夫俗子的痛苦和歡樂。

世間無常，國土危脆，戰亂剝除了人的體面，只剩一群赤裸裸的獸，倉皇求生。每個人都幾乎死過一回，每個人都是從圍著鐵絲刺網的地獄中逃出來的孤魂野鬼，身上發散著親人的屍臭味。

背負著落井下石的罪惡感，見死不救的良心譴責，遭人告密的憤怒，無故遭殃的委屈，舉目無親的徬徨，九死一生，回鄉還發現房子被侵佔。

身上滿滿看得見或看不見的創傷，鮮血直流，惡夢擾眠，猛鬼纏身，驚恐昏厥。

什麼都缺，就是不缺瘋子。

這裡沒有心理治療，沒有諮商輔導，沒有精神醫生，沒有健康保險，沒有社會安全網，村人能倚靠的只有和尚與阿加。活著的人需要撫慰，死去的人需要超度，村人傾盡所有，只為了聽到幾句安慰的話。

因此老阿加和頌涅不管什麼時候都非常忙碌。

如果說經營寺廟是筆生意，那他們享有巨大的市場紅利。佛寺是柬埔寨社會的中心，一年到頭有大大小小的商業活動進行，頌涅有時安排太太去提供信眾米線湯，貼補家用。

太太特地準備一袋小黃花，楚楚可憐，比小指頭還迷你，沒有特別的味道。唯一的作用就是放在碗裡好看，讓人心花朵朵開。

「拿去。」太太趁著儀式的空檔，盛了一碗給頌涅。

頌涅正要吃。

「啊，等一下，還要加上小黃花。」太太說。

頌涅愣住：「花沒什麼味道，只是漂亮而已。」

太太溫婉一笑：「對呀，吃它就是為了漂亮。」

就是這種纖細的心意，讓生命有了漂亮的光彩，值得活下去。

每個人都是倖存者，活下來訴說自己的故事，努力重新過日子。

老百姓的生活圈很小，但打理得很好。

隨著政局日漸穩定，聯合國維和部隊離去，柬埔寨國門逐漸開啓，每天有越來越多外國人來看那些古老的寺廟和宮殿。

「幾百萬人死去時外界靜悄悄，現在外國人多麼關心這些石頭啊……」頌涅心想。

「哈囉哈囉……」頌涅結結巴巴學英文和外國觀光客應對。

「你好你好……」他從單字、到短句，漸漸聽得懂簡單的英文會話了。學習外文不就是多說多聽嗎？他本來就是村裡極少數通曉巴利文的人。

老阿加有次還說溜了嘴：「大廟栽培的和尚，就是不一樣。」

這是一種品質保證，就像進過一流大學的人，通常被認爲比較勤奮或比較聰明一樣。

頌涅心裡狐疑：「老阿加知道我的醜事嗎？」

老阿加有二十頭水牛，一輛舊豐田車，有房有地，是村子裡最有錢的人。頌涅跟著老阿加一起工作，也漸漸積攢了一點財富。

吳哥是柬埔寨的古老皇城。

吳哥的印度教寺廟中，供奉的是林加（陽具），河流源頭的石頭河床上也刻有一千個林加，象徵生命的源頭。

古老的生殖崇拜，是人類面對死亡時的唯一安慰，老人臨終看到子孫環繞，死也比較甘心。

老阿加常一早去砍香蕉樹，把香蕉樹幹做成了林加，在儀式中使用。

頌涅看著古寺中的石雕，那象徵男根的林加，和象徵女陰的尤尼，套在一起，肉體交纏，傾蕩所有，在騰燒炙熱之時，注入滾燙的欲望，接著就是一個又一個從虛空中招喚來的孩子。

頌涅的小日子過得安穩滋潤，人也胖了一圈，直到他一個孩子夭折時，他突然醒了過來。

孩子小小的身體僵直冰冷。

他想到大雨過後，被積水沖到路上的魚，拍著魚尾，嘴巴一張一閉，只等著太陽出來被活活曬死。

他聞到魚屍腐爛的臭味。

他夜裡不能成眠，亮著一雙眼睛，聽一家人蒙頭熟睡，屋裡鼾聲如風。

想到自己肉身將沉淪、老去、死去、腐朽、再次輪迴。

人人如此。

在紅高棉時期死去的幾百萬人也是如此。

人生短暫而孤獨，苦海無邊，只不過人常會被大雨濃霧蒙蔽視線，誤以爲能一直航行下去。

男男女女只爲了一時的肉體歡愉，把一個個新生命帶到世間受苦，沒來由地出生又死去。

「到底是爲了什麼？」他爲自己的無明出了一身冷汗。

他想起了佛陀把獨子取名羅侯羅，意爲「障礙」。

天倫親情，只是成道的障礙，每個靈魂只是暫時交錯，哪有什麼捨得捨不得？

頌涅開始想念當大廟和尚的日子，可以潛心修行，深入禪定，法喜充滿，不用照看燭火炊事，不用侍候高高在上的和尚，不用應付迷信愚昧的村民香客，不用操辦各種活動，不用煩惱柴米油鹽、兒啼女哭。這是多大的福分。

「你又出家，那你太太怎麼辦？你的小孩怎麼辦？」老阿加也當過和尚，看頌涅起了厭離心，只淡淡地提醒他：「只有男人能在睡夢中悄悄離開還在吃奶的兒女，女人是做不到的。」

隔日，頌涅和老阿加應了一位大嬸的要求，前往她家中鑑定一下未來的女婿，占占卜、算算命。

那位大嬸事事講究，很肯花錢，不斷饒舌絮叨：「女人是大地的母親。女兒的婚事比什麼都重要，婚禮女方辦，一定要吉祥如意。」

「自然多子多孫……」老阿加開始舌燦蓮花，加倍奉承富有的施主。

「年輕人的心不定，」老阿加殷勤獻計：「最好做儀式，借用野地的力量，把人的靈魂帶去野外，汲取野外的力量，再帶回來。」

南傳佛教傾向獨善其身，自修自度，成佛全靠自己開悟。信眾布施財物給寺廟，俗氣說來，也算一種交換。用布施換取功德。

闊太太添的香油錢自然是美金，供品是進口水果和糕餅。

換做平常，頌涅早就欣喜盤算，儀式後把水果糕品帶回家，孩子吃起來多麼開心，但他突然痛恨自己像個神棍般招搖撞騙，他本來是清靜空寂的佛門子弟呀。

「這個老流氓……」頌涅瞪著老阿加巴結闊太太。

「只需蓮花香燭。」他不客氣地插嘴，對熱心打點供品的大嬸說：「其他都是多的，都是騙人的，就算準備了，最後也只是讓我帶回家給小孩吃而已。」

「神不會管你！鬼也不會管你！什麼都沒有！這個世上只有你自己而已！」頌涅大叫，然後轉身而去。

人只能內求，不能外求，連佛陀也只是一介肉胎凡人，何況阿加？

在四大皆空的佛教觀點看來，阿加的法術和祭儀全是迷信，那些香蕉樹和花朵都只是玩具，食物供品也沒有意義。

他憤憤丟下手上的玩具，對老阿加搖頭：「這不過是欺騙愚婦的把戲。」

老阿加沒有生氣，耐心十足地看著他。

「人本來就是愚癡的。」

老阿加用跟信眾說話的語調跟頌涅說：「你說的我都知道。不過，人們來找阿加施法，就是因爲他們已經走投無路，到這個節骨眼，我們給他們一點安慰，有什麼不好？」

頌涅說：「這難道不是欺騙嗎？你眞以爲自己能降雨？能促進水稻生長？能保佑多子多孫？」

老阿加說：「任何事情只要你相信，就是眞的。」

頌涅：「你讓人相信這些魔法，變得軟弱，只能依賴謊言生活……有什麼意義？」

老阿加：「什麼都沒有。」

頌涅：「你說什麼？」

老阿加說：「那個大嬸，沒有女兒，沒有女婿，沒有婚禮……什麼都沒有……」

頌涅說：「這是什麼意思？」

「你記得村裡那個堆疊成山的頭骨堆，我們上次帶和尚去念經的那一個嗎？」

「記得。」

「她所有的家人全在那裡面。」

「什麼？」

「她籌備這個婚禮已經好幾年了……想必會一直籌辦下去……直到她闔上眼睛……她的家人全死在紅高棉手上。」

「人本來就是愚癡的。」

老阿加說：「擁有清明智慧的人遇到困難自己能調適，根本不需要我們。你如果只想幫助心境平和、慈悲、講理、覺察的人，你的機會大概不太多。」

「別忘了！我們就是爲了導引那些愚癡的大眾而存在的。」老阿加沒說出口的是：「傲慢也是一種愚癡呀。」

「我受不了了。」頌涅回家跟太太坦白：「我要去做和尚，不再回家了。」

頌涅骨子裡還是那個孤高的和尚。

頌涅冷眼看著太太跟老阿加哭哭啼啼，女人眞的是水做的，那麼多眼淚，那麼多液體，經期中、高潮中、產痛中，授乳中，小孩尿床便溺，小孩夭折時的淚水。

難道太太感受不到苦嗎？就像魚處於水中而不知道水是什麼！

這個惡濁人世，洪水滔天，到處濕淋淋的，充滿各種液體，頌涅覺得自己快滅頂：「我快淹死了，無法再待下去。我要出家。」

做和尚本來沒什麼大不了，阿加常回鍋去做一陣子和尚，然後再還俗，當做短期進修充電。但頌涅根本不想當阿加了，他想離群索居，出家當苦行頭陀。

苦海無邊，回頭是岸。

水充滿了全世界，他能逃往何處？

太太哭乾了眼淚，只好說：「你要去當和尚可以，先幫大姊的骨灰做儀式吧。」

「好。」頌涅同意。

太太垂淚：「我爸媽重病，欠了很多債。我小時候又受傷，看醫生花了不少錢，能長大都是託大姊的福。大姊為了養家，很早就去外地工作。」

「做什麼工作呢？」

「我那時還小，不太清楚，一開始說是在賣魚湯米線。」

「賣魚湯米線，能賺那麼多錢嗎？」頌涅懷疑。

「大姊吃了很多苦。」太太說：「我跟你結婚，也是她安排的。我當時說不要，但她說你曾是大廟的和尚，學問好，人也好，一定會是個好丈夫，硬幫我選了你。」

頌涅終於懂了，太太的大姊就是薩媚。

她在死於愛滋病以前，找人說媒，還捐了錢給寺廟，說動老阿加願意收這個妹婿當徒弟。

每個人都知道她的錢怎麼來的。不過賣身錢可以堵住衆人的嘴，買來最後的尊嚴。

太太說：「大姊說爲了賺錢養家，罪孽深重，用盡洞里薩河的水也洗淨不了，哭著要我答應。」

頌涅淚眼模糊，只記得那年雨季淹大水，欲望和誘惑四處流淌，薩媚的身子像蛇一樣纏住他，眼前的路徑全消失了。

薩媚走後，他成了一個迷失的人。

第五章

「法國探險家在十九世紀發現吳哥？哈！」

老阿加總愛調侃幾個長駐村子的外國考古學家和人類學家：「你們白人總

是喜歡自我膨脹，吹噓又發現了什麼。別開玩笑了，我們柬人當然一直記得吳哥。」

外國學者受了再多取笑，也愛帶著幾包香菸當禮物，上門聽老阿加講古，繞著老阿加打轉，問東問西，把老阿加視為連結過去信仰和今日社會的樞紐，生氣勃勃的活化石。

柬埔寨政府把古蹟維修保存的工作委託給數個外國學術單位，視為國際援助和學術交流的一環。

這些單位在城裡都設有辦公室，老阿加很喜歡這些外國學者辦公室裡暫存的神像，因爲全都是貨眞價實的歷史古物，用來祈禱祭祀再好不過。

古廟無所不在的仙女雕像，美麗而媚惑，曲線玲瓏豐潤，堅硬的石頭竟然柔情似水，總是像維納斯一樣迷倒外國人。

當古老神話淪爲故事，維納斯失去信徒，女神這年頭只是擺在博物館的藝術品。

「美呀，當然美，我們柬人不做不美的東西。」但老阿加相信吳哥的雕像是寺廟裡的神靈化身，有奇妙的力量，不只是美得驚人而已。

他總是說：「雕像越古老，越有神性，越是靈驗。」

這種截然相反的傾向，早就根植在法國殖民時期，崇拜美麗的法國人一心想把吳哥當成露天博物館來照章管理，但柬人卻知道吳哥的靈氣無垠無限，無邊無際，無窮無盡。

這是靈驗的宗教場所，列祖列宗埋骨享祀的神聖之地。吳哥一直有和尚，累積功德，超度亡者。當然也一直有阿加，作法施咒，治病祈雨。

這些外國人喜歡挖掘，然後供在博物館裡，只要發掘新的神像，最興奮的往往是在地的阿加們，奔相走告。

吳哥不只是一間廟，而是一座大城，不斷有寶物出土。很多農家青年在方圓百里的考古遺址做粗工，從探勘、挖掘、維護、修復到保全，都需要人力，養活了不少家庭。

「你知道嗎？挖到一尊神像。」村人耳語流傳，甚至準備了鮮花供品。當時頌涅鐵了心要去外地的佛寺出家，正在做最後的打點。

老阿加一心想看那尊神像，逼著頌涅抽空騎機車載他去。

農村生活和一千年前無甚分別，從來沒改變太多。只要騎三十分鐘的機車到鄉下去，農民照著古蹟上的浮雕描繪的那樣在過日子。

一樣的牛車，一樣的爐灶，一樣的蓮花水牛和稻米，散發著米飯香氣和牛糞味道。

古蹟上的浮雕不是死去的歷史，而是活跳跳的生命。

但庸俗的觀光客瞎了眼一般只忙著拍照。

頌涅騎車在古城裡兜轉，老阿加說：「吳哥時代的運河，把水都引了下來。在廟裡、在村子裡、在皇宮裡、在家裡，哪裡不都一樣嗎？水不是相通的嗎？」

「阿加不只是和尚的助手，私下占卜算命、裝神弄鬼唬弄村婦。我們的前輩可是建立吳哥的人，他們最懂水。」老阿加昂然說道。

他還是捨不得徒弟走。

頌涅不想聽老人重複嘮叨，找機會躲開了。

考古團隊挖到那尊深埋地底的神像，遠遠望去，到底是佛教還是印度教，一時認不出來。

頌涅隨地亂走，只記得腳下彷彿傳來悶悶的機械卡榫聲，接著什麼都不知道了。

他誤觸未爆地雷，受重傷被送回了家。

幸虧地雷慢了好幾拍才爆炸，後來村人都說：「算他命大，那尊神像顯靈了。」

「痛呀……」頌涅嗚咽咬牙。

「唉……怕撐不過去……」老阿加對頌涅的太太搖頭，調製草藥，燃燒香料，誦唸咒文，讓傷患昏睡過去。

恍惚之中，頌涅進入夢一樣的世界。

洪水氾濫之時，他看見自己頭戴金冠，端坐為王，每夜和龍蛇化成的女子交合同寢，才能確保風調雨順。大汗淋漓，翻雲覆雨後，他沉沉睡去。

張開眼，他又是婆羅門祭司，每日早起祝禱聖水，澆灌在石刻林加之上，再從寺廟中心流入錯綜複雜的水渠中，遍布吳哥的每一個角落，水網遍布，稻米豐收。

阿加的真實身分是地下化的印度教婆羅門祭司，以及土著泛靈信仰的巫師。

阿加的臉，就是祭司的臉，阿加的樣子，就是祭司的樣子。

肅穆莊嚴，充滿權威。

水不在深，有龍則靈，龍蛇之女的創世神話，暗示了印度教和水的文化重量。

龍蛇主水，象徵大地的生命力，洞里薩湖是湄公河的天然調節水庫，隨著水位漲落，大面積的伸縮。

頌涅聽到老阿加誦持咒語，並且不斷吩咐指引：「傾耳細聽，流傳自古代的裊裊餘音。心念跟著那個聲音走。」

那是源源不絕的水流聲。

吳哥是全世界規模最大的印度教寺廟群，宏偉的壁畫活靈活現，招喚神明，發動軍隊。雕像低垂雙目，留下一抹謎樣的微笑。

阿加幫外來的印度王子和龍蛇之女證婚，結合王權和神權。

他們建立了水利工程，疏導儲存雨季的暴雨，在乾季灌溉農田。

接著他們在沼澤地建立了令後世驚嘆的廟宇和宮殿。

國王藉由祭司，祝禱滿天神佛，取得神王的權柄，強化國家動員力，長年調度勞工來建立運河水道，並且定期維持灌溉溝渠，稻米才能一年四穫。

「民俗富饒。天時常熱，不識霜雪，禾一歲數稔。」

稻作需要高度的社會組織力，稻穀收成後，可以入倉儲藏，成爲士兵的軍餉和官員的俸祿，負擔行政開銷，建立大帝國。

在茂密的原始叢林中開拓農田、興建水利、收稅、修築道路、訓練軍隊，指揮龐大的團隊，全需要祭司的世故手腕來主持。

吳哥是柬埔寨的靈魂，而他們是建立吳哥的人。

印度教和佛教長年處於競合關係，當印度教被佛教取代，阿加流落民間，棲身佛寺當助手，私下傳承梵文咒語和儀軌。

他們手上的經文抄本，可以往上追朔一代又一代，直到印度王子入贅龍蛇之女的神話年代，就像找尋河流的源頭一樣。

柬埔寨是龍蛇的贈禮，柬人是水的民族。

阿加不是地方性的信仰，反而是古代的宗教體系主流水位退去後的涓涓小溪，地下伏流。

至今柬埔寨皇室仍有御用阿加掌管所有祭儀，守護象徵正統皇權的神器。政府高官也有阿加隨侍，占卜施法。

小老百姓在婚禮或喪禮這些人生重大場合，除了佛教和尚，阿加們也會到場。

以前的阿加號令天下，輔佐國政。現在的阿加是地下村里長，照料一村一鄉的百姓。

雖然印度教已成歷史，但看不見，依舊存在。就像水蒸發了，不是消失了，只是進入大氣中而已。

若沒有阿加建立水利工程，就不會有壯麗驚人的吳哥，也沒有滋養吳哥的稻米和漁獲，魚湯米線就不會在街上隨處可見。

這些綿密的水渠，是一個相通的網絡，既然天下的水都是一體的，所有的分別心和沾惹，所有的欲望和悔恨，只是虛妄的起心動念，水中的天光雲影。

頌湼發現老阿加把自己化爲一滴雨水，從天而降，落入洞里薩湖，湖水悠悠注入河道，從上游蜿蜒到下游，從古代流到現代，生死流轉，成住壞空，輪迴著乾季與雨季。

乾淨的水，河流接受。

污濁的水，河流接受。

腥臭的水，河流也接受。

他聞到一股血味。他是和尚，他是阿加，他是信眾。他開槍殺人。他中槍倒地。他手握生殺大權、欠著人民血債。他在勞改營中遭受拷問刑求，最後沒經批准就死去了。

他是所有人，所有人也是他。

「入海後，你這滴雨水，是否還是同一滴水？」老阿加厲聲喝道。

頌涅猛然睜眼，從夢中醒來，太太擔心地看著他，端上一碗魚湯米線，不忘加了兩朵漂亮的黃花。

頌涅嚼著花朵、喝著湯，望著窗外的雨，靜靜休息養傷。能吃，就是活著。

終於痊癒後，頌涅到佛寺，看到老阿加身穿白衣，像個尋常老頭一樣在掃地。

他倆眼神交會。

心照不宣。

「年輕人的心不定，」老阿加說：「最好借用野地的力量，把人的靈魂帶去野外，汲取野外的力量，再帶回來。」

頌涅沒再提重新出家當和尚的事，他繼續當個阿加，待在太太身邊拉拔兒女長大。

太關注戒律是否打破，也是一種苦，一種枷鎖，一種執念。

魚一直生活在水中，出家或在家，都在求道。

他就是他自己的皈依。

老阿加死後，頌涅接替了他的位子，他早已學會政治手腕，對於寺裡自認老大的住持老和尚，表面禮數周到。

城裡來的和尚見過世面，要明捧暗諷，鄉下來的和尚就容易操控得多，要恩威並施。

偶爾他拉長祭祀流程，顯顯威風。老太太們都衝著他來廟裡，幫忙募款建醫院。他是仲裁者和見證人。選舉期間，他是不輕易開金口的意見領袖。

和尚可以清心寡慾、四大皆空，可能只是因為人在寺廟，不曾被紅塵試煉過。身上的愚癡，一點都不少。

頌涅仰望著天，不再提問或分析了，現在他只像一葉扁舟，輕輕滑行水面，度過洶湧波濤，然後棄船而去。

鳥不飛翔，只是乘著氣流。魚不游泳，只是順著水流。

他就像生命之流中的魚。

水，化爲天空中的濕氣，蒸騰成雲霧，雲中有薩媚的容顏，雨絲中藏著薩媚的笑聲，落到溪流裡，滋養魚蝦，灌溉稻米，薩媚再用來煮魚湯米線，最後整碗喝下肚。

從一碗魚湯米線，可以看見整個世界。

十幾年後，他先把兒子獻給佛寺。

再過了十幾年，又把外孫獻給佛寺。

頌涅阿加望著外孫的背影。

剛剃的光頭，青青的。褐黃袈裟，袒露右肩。

「我曾經是你，而你終將變成我。」

外頭的世界多麼誘人，儘管青年和尚未來很可能脫下僧袍，走向觀光業，走向手機、摩托車、電腦、網路和女孩。

但時機一到，心中追求解脫的意念如水，總有一天，會流向大海。

柬埔寨在紅高棉時期失去四分之一的人口，頌涅的國家是個巨大的亂葬崗，不時挖出成堆骨骸，聽見野鬼夜哭。

外國拆彈專家團隊每天在劃分成一塊塊的土地上圍起鐵絲網，用儀器反覆偵測，清除地雷，接著再往下一塊土地邁進。

街道、建築物、市集，日復一日，重新活絡起來，汽車機車和行人爭道，那個人命如螻蟻的年代被留在老人口中，年輕人不耐煩聽。

「巨大的缺口創傷，要如何填補呢？」頌涅阿加一生主持無數場婚禮，要新婚夫婦彼此愛戀，負責任地多生孩子，盡量把死去的人生回來。

用嘴需索對方的身體，就像需索食物，水乳交融，在魚水之歡中，讓情慾像雨水一樣澆灌萬物。

無辜的人已成枯骨，有罪的人仍然活著，受害者的孩子，加害者的孩子，全都是一樣的孩子，全眨著水汪汪的眼睛，全都是龍蛇的後裔。嗷嗷待哺，吃著米飯，喝著一碗一碗的魚湯米線。

這個國家非常古老，又非常年輕。

村裡所有的孩子都傻想，頌涅阿加一直以來都那麼老，算他幾歲都可以，不曾年輕癡狂，不曾有那段歲月、那種心情。

老人每天早上雷打不動地要先在小攤吃一碗米線，一天，他向老闆抱怨道：「怎麼沒加小黃花呀？」

只見老闆堆滿笑容地告饒，幾乎雙手合十過頂：「頌涅阿加，最近暴雨，缺貨，要看晚點有沒有。」

柬人的雙手合十禮，對象身分越高，雙手就越高，依序是前胸、嘴唇、額頭、頭頂。

我恰巧坐在旁邊，心想這老人一定是喊水會結凍的地方要人。

「小黃花很好吃嗎？」我試著搭話。

「小黃花沒什麼味道，」他用簡單的英文跟我說：「不過，就是漂亮。」

雷聲隆隆，天上降下滂沱大雨，像千百條銀白透明的絲線，纏纏繞繞，把人帶回那個既年輕又古老的年代。

又是雨季。

一土耳其餐桌一

麵包在獅子嘴裡

土耳其的主食是麵包，當地諺語形容生活不易，非常傳神：「麵包在獅子的嘴裡」。為五斗米折腰未免太文弱，土耳其人為了吃麵包，必須和獅子生死鬥，簡直像捋虎鬚一樣拚命，深入虎穴，月底咬牙繳完帳單，幾乎要流淚慶幸虎口餘生了。

男人的壽命比較短，男孩的童年通常也結束得比較快。

當同年紀的女孩還被抱在懷裡撒嬌，成人就開始對男孩大吼：「不準哭哭啼啼！」、「別那麼娘娘腔！」、「我數到三，把眼淚收起來！」、「聲音那麼小，你是女生嗎？」

總而言之，就是「要像個男人」。

爲了賺取麵包來養活一家老小，男人從小被鼓勵追求成就和權力，享盡父權紅利，同時也承擔巨大壓力。不能示弱，不能溫柔，不能害怕，更不能顯示自己心軟的一面，唯恐失去掌控。

唯一能被允許顯露的情緒只有憤怒。

只有夠強的男人才是人，對女人，只能展現性欲和征服，對弱者，只有輕視和自我警惕。

雖然此等老派作風被視爲恐龍，自認思想進步的現代好青年當然不接受，然而世界各地演化速度不同，生命會找到出口，事實上，衆多恐龍仍然獨霸一方。

在越保守、越傳統的社會，或競爭越激烈、罣固酮越濃的職場，恐龍越是蓬勃興旺。

男人被異化成賺錢機器，他們的情緒像被裝到一個箱子裡，密封收藏。自小學習強悍，卻連寂寞都無法說出口。

不過也有例外。

我曾在美國的軍事基地看到一個士兵，對著一隻軍犬又摟又抱，童語天眞爛漫；也曾在西西里的教堂偷窺一個黑道大哥，對著聖母瑪利亞淚流滿面，哽咽難言。

前者是毛茸茸的動物，後者是母親般的神祇。只有這種對毛小孩寵溺、對宗教虔敬的眞情流露，不會減損男子漢一絲的雄風。

在伊斯坦堡，貓咪彷彿兼具這兩種身分，所以超級吃得開。

尤瑟夫若不在海鮮市場賣魚，就是在釣魚。

「賣魚和釣魚是兩回事，賣魚要大聲吆喝，招呼客戶。」他說：「釣魚則是什麼都不用說，靜靜吹著海風，拿著釣竿，時間就這樣流過了。」

橫跨歐亞的伊斯坦堡有幾座橋，很多大叔下工後帶著魚竿來橋邊釣魚，算是不花錢的小嗜好。

靠賣魚在大城市立足，養家活口，自有一番辛苦。

土耳其文化崇尚陽剛武勇，蓄鬍頗爲風行，滿街都是鬚眉堂堂的大丈夫，尤瑟夫留著一臉帥氣的鬍鬚，他說他以前低頭親寶貝兒子時，兒子總被他的鬍鬚癢得呵呵大笑。

「但他大了，正叛逆，不給親了，話也難得說上幾句。供兒子上學，可眞吃力。」他搖搖頭，一言難盡：「也不知道賣魚能賣到什麼時候，生意越來越差，伊斯坦堡什麼都貴。」

「麵包錢難賺呀……」土耳其的主食是麵包，吃飯錢就是麵包錢，他引了一句當地諺語來感嘆討生活不易：「麵包在獅子的嘴裡。」

爲五斗米折腰未免太文弱，土耳其人爲了吃麵包，可得要和獅子生死鬥，簡直要像捋虎鬚一樣拚命，硬著頭皮深入虎穴，月底咬牙繳完帳單，幾乎要流淚慶幸虎口餘生了。

不管是獅子或是老虎，反正生活壓力全是兇猛的大貓。

因爲工作辛苦，才更需要忙裡偷閒。釣魚，就是百分之一的換餌收繩，以及百分之九十九的等待。

「枯等不會無聊嗎？」我問。

「不會，釣魚的人永遠有同伴。」

我還以爲他指的是其他大叔釣客。

他笑說：「喔，沒錯，我的同伴很愛吃魚，也有漂亮的鬍鬚。」

他忘了說還有尾巴。

他拿著釣竿和水桶，領著我到他釣魚的老地方，堤岸邊站著一排釣魚人，釣魚人背後，像教練督促自家選手似的，蹲著一整排貓，喵嗚聲像海潮一樣，是最好的背景音。

與其說貓咪是釣魚人的同伴，不如說是主子。

牠們會走來走去「喵嗚喵嗚」地監工，不時用頭和尾巴摩擦這群油膩膩的胖大叔，彷彿在問：「嘿，貓奴，魚釣到了沒?好好幹呀。」

每隻貓咪都營養充足，毛皮光亮，大搖大擺，非常有自信，甚至傲驕。貓咪如果不是一灘水做的，就是一種不會揮發的謎樣物質做的，牠們像體操選手一樣，任意扭曲身體，軟爛在地，或鑽入任何一個小洞或紙箱裡。

那些釣魚的中年虯髯漢子，看似Man的不得了，但一遇到腳邊的貓，柔腸百轉，幾乎融化，不管有沒有魚兒上鉤，每個釣魚人都愛蹲下身來撫摸貓咪，泛著青筋的粗糙大手摸著貓咪柔軟的毛皮，嘴中喃喃細語。

我猜是中年男子的嗓音低沉，貓咪聽起來順耳，所以特別喜歡跟大叔親近。貓咪淡淡忍受大叔的反差萌，瞇著眼慢條斯理等著吃魚。

正值家庭壓力沉重的壯年，如果大叔一天到晚有空來釣魚，反而不妙。他們不少是從內地來沿海打拚的藍領勞工兄弟，伊斯蘭文化圈強調男主外女主內的傳統性別角色，老派大叔自然無法期望太太一起賺錢養家，讓家人挨餓的男人根本不是男人，身為支撐家庭經濟的頂樑柱，只能認份地像老鼠跑滾輪一樣孜孜工作。

既然大叔自我價值全建立在麵包上，萬一丟了工作也不知如何開口，失意喪志，怕太太問起，上工時間不敢待在家裡，只好出來閒晃，對著博斯普魯斯海峽吹吹風看看海。

男子漢不輕易示弱吐苦水，釣友們也心照不宣，只能私下幫忙打聽工作機會。

尤瑟夫一臉痴迷：「看，貓咪昂首闊步，多麼優雅，就像國王一樣。」

「就像蘇丹一樣。」其他貓奴們說。

我大笑：「何止蘇丹，貓咪自認為是神呢。」

「那倒不至於。不過我們有句話，狗看不到神，所以會把人類當成神崇拜，狗腿不已。但貓看得到神，所以對人愛理不理。」

「人甚至還要透過貓這個橋樑，去感知神的存在呢。」

伊斯坦堡有幾十萬隻街貓，自由來去，備受關愛，整個城市就像個巨大的貓咖啡，市民都是貓奴，重度吸貓上癮，隨口就能說出和貓互動的日常小插曲。

尤瑟夫平日若釣到大魚會帶回家加菜或是轉賣，較小的魚蝦就不忘餵貓：「總不能讓牠們眼巴巴看著，卻沒得吃吧？」

貓咪等了那麼久，就算是貓，也該享有「眼睛的權利」呀，土耳其人是很好客慷慨的。「眼睛的權利」是土耳其語中「見者有份」的意思。有食物獨吞不分享，光讓別人眼饞，太不上道了。

可惜今天尤瑟夫手氣不好，沒有什麼魚上鉤，他索性拿原本打算當魚餌的歐洲鯷魚去餵貓，貓兒看似不甚滿意，一臉鄙夷。

我最喜歡這種叫Hamsi的歐洲鯷魚，不到巴掌大，側面有一條銀色條紋，火烤乾煎皆可，灑點鹽，淋上檸檬汁夾麵包吃，是最常見的平民食物。油炸的更爽口，喀茲喀茲像吃鹹酥雞一樣令人上癮。

歐洲鯷魚常見於河口和沿海，土耳其海岸線綿長，一到產季，人人都能吃個過癮。

我每天去買一個麵包夾鯷魚當早餐，吃到和送鯷魚的尤瑟夫搭上話，才有興

致來看貓奴大叔的釣魚秀。

哪知這裡的貓吃得比我好，嘴巴可刁了。

貓心安理得地接受貓奴的供奉，四處巡視自己的國土。人貓之間分食漁獲的默契，就像簽下契約似的，心照不宣。

貓是一種不論你貧窮還是富有，成功還是失敗，健康還是生病，都一樣瞧不起你的奇妙生物。管你是肥宅魯蛇還是人生勝利組，貓咪唯我獨尊，一舉一動，散發著一種全然灑脫，勉強不來。凡事以自己爽為優先，愛來就來，那怕你正忙也硬擠到你膝頭，用頭磨蹭你的胸口，想走就走，你拿進口罐頭百般討好也不肯賞光。貓不需要人。

「哎呀……怎麼少了幾隻……喵嗚……喵嗚……出來吃飯！」大男人逗起貓來竟會喵喵叫，旁人也覺得再自然不過，很可以紓緩大城市裡的人際壓力。

當我看到尤瑟夫點名衆家貓咪，爲落單的、受傷的、不見的眞心著急奔走時，我才見識到，貓咪在伊斯蘭文化圈的形象是如此受人疼愛。

因爲牠們後臺硬的不得了。

伊斯蘭世界的法律，主要來自古蘭經和聖訓。就算土耳其的法律早已世俗化，政教分離，但長年累月的影響仍然深入骨髓。所謂的「聖訓」，就是先知穆罕默德生前的行爲舉止，他怎麼淨身洗手，開齋時怎麼吃椰棗，怎麼待人處事，怎樣愛護動物，都讓後世不斷仿效、實踐。因此，多方考證先知聖訓的眞假，是伊斯蘭宗教學者養成訓練的一環。自然沒有人忘記，先知也愛貓，願意讓貓咪踏入自己神聖的祈禱室。先知五體投地頂禮阿拉的地毯上，常有貓咪捲成一團呼嚕呼嚕睡大覺。

「侍奉貓主子，在某個程度上，竟然是宗教實踐呀。」我大驚小怪。

伊斯蘭世界有句老話：「清洗就是祈禱，祈禱就是清洗。」貓咪天生愛乾淨，把舌頭當梳子，從頭舔到尾，就算在沙漠裡，仍一身清爽。想來這點很合先知規定一天祈禱五次，每次祈禱前都要清洗的好潔脾性。就算現代人一天也不見得會洗五次手腳頭臉吧？

土耳其至今還流傳著「傷害一隻貓，就要建七座清眞寺來贖罪」這句老話。

怪不得這裡的貓咪一點也沒有浪浪的神經質，豎起耳朵，驚惶未定，反而一隻一隻躺在陽光下睡得好坦蕩，看到陌生人也會大方靠過去討摸摸。

街坊鄰居一起照料社區裡的貓咪，是社會共同默契。每戶家門外常擺有貓碗和水盆，呼喚貓咪像呼喚自家兒女，陌生人因爲照顧同一隻貓而破冰結識。同一隻貓在不同社區可能被取了不同的名字，閒晃一天可吃上好幾頓飯。甚至隆冬大雪之時，還有清眞寺會開放讓貓咪入內避寒。

salam alaikum是通行於伊斯蘭世界的招呼語，意謂「祝你平安」。聽在我耳裡很像「薩朗．貓樂酷」。

每當吃麵包夾鯷魚時，有陌生的貓咪主動磨蹭我，索討「眼睛的權利」，甚至跳到我的大腿上翻肚皮，我都想說聲「薩朗．貓樂酷」。

牠們像太陽能板一樣，曬著日光入眠，吸收能量，宛若長了四隻腳的行動電源，隨時幫被帳單壓彎了腰的都市人快速充電。

貓是留著帥氣鬍鬚的蘇丹，不但有先知撐腰，還是天生的賣萌高手，端坐橋邊和屋頂，望著碧海藍天，統治日日前來釣魚朝貢的貓奴。

這些大叔爲了每日麵包，不惜冒死把頭探到獅子嘴裡，流血流汗和生活搏鬥，銅筋鐵骨，一身盔甲，卻不知道如何觸及心中最柔軟的那一塊，久而久之，滿腔鬱悶，有苦難言，最需要找貓主子傾吐。

或許阿拉創造貓咪，是爲了讓人感受到撫摸獅子的樂趣。聽著貓咪喉嚨發出的呼嚕呼嚕聲，即使是一肩扛起養家重擔的硬漢，頓時臉部線條也柔和了起來，不自覺露出微笑。

貓咪的鬍鬚扎在臉上，就像被神靈觸碰；看貓咪用前腳洗臉，就像天使揮動翅膀；貓咪在屋簷行走，就像聽到阿拉越過頭頂的聲音。

當癡迷的貓奴雙手遊走在貓咪柔軟的皮毛上，信心滿滿，忠心耿耿，就能感知自己眞切地活在當下，額頭有光芒，心中有平安。

——土耳其餐桌——

天可汗的優酪乳

和「天可汗」一席話，頓時覺得烤肉店開闊了起來，天蒼地茫，我豪邁地將優酪乳一飲而盡，戴著白鬍子，想仰天長嘯，想執韁狂奔，可惜只缺一匹快馬。

我到了土耳其才知道，原來吃烤肉最搭的，不是冰啤酒。

「好的烤肉串一定要炭火烤，用電爐就太悲哀了。肉的品質也要講究，東部吃草放養的牛羊，味道就是比進口的好。」

勾可汗邀我去伊斯坦堡一家「巷內人才知道」的愛店吃烤肉，隔著幾條巷子就聞到了，肉汁淋漓，滴在炭火上，嘶嘶作響，焦香撲鼻，遊牧民族的集體潛意識在烤肉香的催化下，頓時全甦醒過來。

在偏遠的鄉下市集，羊肉鋪附近通常綁著幾頭咩咩叫的活羊，現宰現賣，快賣完了再立馬殺下一頭，羊肉拿到手還是溫熱的，完全沒辦法更新鮮了。

「老一輩總認爲，會親手俐落殺羊的才是男人。不過在伊斯坦堡就將就一下吧。」他說。

他對炭火邊滿頭汗的虯髯大叔交代了幾句，轉頭問：「你要什麼飲料？」

我問：「土耳其人吃烤肉通常配什麼？啤酒嗎？」

他搖頭：「不是。」

我隨口說：「你喝什麼我就跟你喝什麼。」

結果跟著烤肉串上桌的，是白色的乳狀液體，浮著白色的泡泡，裝在兩個冰透的黃銅杯裡。

「這樣配得起來嗎……」我心裡疑惑：「吃烤肉配牛奶？」

他說：「你喝喝看吧。」

酸酸稠稠的，竟然是優酪乳，還加了鹽，鹹鹹的。

當地叫做ayran，音似「矮朗」。

預期的口味突然被翻轉，好像吃到一碗甜的牛肉麵一樣，說不上好喝難喝，我咂咂嘴：「眞特別。」

優酪乳是土耳其國飲，別說在老派的烤肉店，就算在肯德基、麥當勞這樣的國際連鎖速食店，優酪乳也像可口可樂一樣普遍，往往是塑膠杯蓋上罩一層鋁箔杯，用吸管插著喝。

這裡的烤肉串不是一支一支地叫，一次起碼五支十支，隨著燒燙燙的牛羊肉、內臟下水擺了一桌，我立刻發現優酪乳眞是恩物，非常清爽解膩，我悄悄解開牛仔褲的釦子，堅稱肚子再也塞不下時，多喝上幾口優酪乳，竟還可以多吃一串。

這可是奇蹟呀。

要知道這裡的烤肉串氣勢逼人，串肉用的不是秀氣小巧的竹籤木籤，而是一支支和弓箭差不多長短的金屬烤肉叉呀！

拿在手中沈沉甸甸的，我說：「這可以拿來當凶器。」

「沒錯，據說古時候打仗，烤肉用的是刀劍或弓箭。把牛羊奶裝在牛羊胃袋做成的皮袋子裡，發酵搖晃一天，等糧草後勤到了營地，就成了優格，把優格加了水稀釋，放點鹽，就是優酪乳了。」

勾可汗說：「現在東部鄉下地方的人家，有養牛羊的，主婦還會自己做優格呢。比起鮮奶，優格可以保存比較久。」

風行全世界的優格（yogurt）這個字，就是來自土耳其語。

土耳其菜（北非中東）是世界三大菜系之一，地理上和中國菜（東亞）與法國菜（歐美）比肩。

優格是土耳其飲食的基底，就像日本的味噌，法國的起司，直達民族國魂深處，變化無窮，可用來醃漬、調味、入菜、煮湯、做淋醬，除了佐餐，當飲料喝也行。

臺灣人開始喝優酪乳，也不過是近二三十年的事。

我對優酪乳的印象，還停留在甜飲料的階段，往往是水果口味，水蜜桃、柳橙、草莓等等，清爽一點的有蒟蒻、椰果，往往跟健康減肥窈窕的廣告詞聯想在一塊，主力客群是年紀較輕的愛美女性。

優酪乳挾帶著龐大的廣告預算而來，充滿○○○乳酸菌和×××益生菌，花俏的不得了，富含噱頭，卻沒有歷史和淵源，彷彿從天而降，自動出現在超市商

品架上。通常是一種比較洋氣、甚至比較娘的選擇。

但在優酪乳的原鄉，我轉頭看店裡男客，不論長幼，人手一杯，喝得唇邊長了一圈白鬍子，隨手一抹，再咬一口烤肉，開懷大嚼。

大口吃肉，本來就要大口喝優酪乳，雄渾豪邁，好像隨時要放聲高歌。

這家店比較講究，會用特殊機器把優酪乳打出泡沫，泡沫由乳中油質構成，浮在上層的泡沫就像啤酒泡沫一樣，可以當杯蓋隔絕空氣，讓優酪乳保持風味和溫度，並且讓客人長出好笑的白鬍子。

肉和乳，是土耳其人身爲遊牧民族的後裔，最古老的飲食原型。遠嫁和番的漢朝公主曾留下「穹廬爲室兮氈爲牆，以肉爲食兮酪爲漿」的古詩，看來她眞的吃不慣，死了魂魄也「願爲黃鵠兮歸故鄉」。

烤肉店裡擠滿飢餓的肉食動物，食客個個化身爲一頭豺一頭獅一頭虎一頭豹，集體大嚼同一匹牛或同一隻羊，喀吡喀吡咀嚼聲震天，像成群結隊的狼。

勾可汗說：「土耳其人吃起肉來，就像古時候騎馬打仗一樣兇猛。」

我說：「嘿拜託，你們已經定居那麼久了。」

「但還是有影響呀。像我的名字就是。」

土耳其的男子名多半武勇強健，甚至有叫成吉思汗或阿提拉汗的，而女子名更浪漫，充滿自然意象，像海洋、晚霞、玫瑰、季風等等。

勾可汗在電子業做ＩＣ晶片設計，職業很現代，不過名字非常有古風。

而且超級大氣！

說出來會嚇死人。

Gok是「天」的意思，khan則比較多人知道，是「可汗」的意思。

所以他就是「天可汗」！

我忍著喊「萬歲萬歲萬萬歲」的衝動，油著一張嘴，一邊吃烤肉一邊說：「嗯……這讓我想到……中國歷史上有一個非常有名的皇帝唐太宗，他也有『天可汗』的尊號。」

他說：「咦……Khan是古代遊牧民族的領袖耶。」

我接著說：「唐朝的胡風非常興盛呀，開國皇帝和突厥可汗一起打天下，甚至還有一派學者說李唐皇室是漢化的遊牧民族後裔，說起來可能和你血緣比較近呢。」

「眞的嗎？」

「起碼他們是胡漢混血，千眞萬確。」

唐太宗曾說：「自古皆貴中華，賤夷狄，朕獨愛之如一。」

不說還好，一提歷史，他兩眼發亮，原來這位「天可汗」雖然是工程師，但也是歷史宅兼考古癖，家裡堆滿大部頭的歷史書。

中國有長遠的史學傳統，所以土耳其學者在尋根溯源時，往往會參考大量的中國文獻。對古老方塊字的好奇，可能也是勾可汗請我吃烤肉的原因之一。

現代土耳其人自認是古代突厥人的直系後裔，他們來自天蒼蒼野茫茫的蒙古高原，逐水草而居。土耳其和突厥是共通字。

這些北方的狼族還沒學會走路就會騎馬，兵民合一，遊牧鐵騎是最有效率的軍隊，像二戰納粹坦克軍團一樣無敵，縱橫歐亞草原數千年。

突厥語系在馬背上傳播極遠，曾是絲路上的國際語言，至今也是人口最多、分布最廣的語系之一，從新疆到東歐，每天有無數張嘴巴吐出突厥語，並喝下優酪乳飲料。

今天極右派的土耳其民族主義政黨叫做「灰狼黨」，選戰激烈時，支持者把中指和無名指和拇指碰在一起，當成狼鼻子，食指和小指翹起來當狼耳朵。

選民在造勢大會上高舉雙手，比出仰天長嘯的狼頭，在我看來很萌，但這隱隱約約對遊牧時期的祖先有幾分致敬和模仿之意！古代突厥大軍擎著狼頭纛（用狼頭作標志的大旗）行軍，虎狼之師，所向披靡，狼子野心，鬼哭神號。

有道是「兵馬未動，糧草先行」，突厥人的主食是牛羊奶做的優酪乳和牛羊肉，趕著一隊牛羊，就是最方便的糧食補給，牲口長了四條腿，會自己移動，只要有草原，低頭即可以大嚼。

他們是天生的騎兵團，劫掠和放牧打獵一樣，是日常生計之一。不時成群結隊越過長城，順著北風南下，襲擊定居農耕的漢人。

當「狼的後裔」對上「龍的傳人」，從青銅器時代一直打到火器時代，從西周烽火戲諸侯引來的犬戎，到明末入關稱帝的滿清，二十四史不斷重複蠻夷進犯華夏的千年老梗，

勾可汗第一次遇到我這個「從長城另一邊來的人」，他看我可能就像看熊貓一樣稀奇。

吃著吃著，他忍不住打趣道：「你的祖先和我的祖先說不定打過架呢。」

「還好中間有一道牆。」我說：「你知道古代中國人為什麼要建長城嗎？」

他說：「因為我們囉。『我們』就是你們建長城的理由。」

我這隻心虛的假熊貓聳聳肩：「或許吧……說起這段歷史，一般人應該只知道迪士尼的花木蘭吧。」

「那個幫爸爸去打仗的中國姑娘嗎？」他心裡有點不是滋味。

「這個故事非常有趣，但裡面的反派是我們的老祖先呀，遊牧民族只不過生活方式不同罷了，卻被描繪成陰森險惡的非人類……真不公平……」

「沒辦法，電影裡總是需要有人演反派囉。」我說：「不過，有學者說木蘭很可能不是漢人，而是遊牧民族。」

「咦……第一次聽到。」

「這是一首古民歌，提到木蘭效忠的君王時，用的字眼是『可汗』，而且用了兩次呢。」

他興致盎然起來：「哇……跟你聊天真有意思……」

對外國觀眾新鮮的題材，對我來說是老掉牙。我怕他開始崇拜起我這罐半瓶醋，連忙說實話：「因爲這首詩收在課本裡，幾乎每個人都會背呀。」

「民歌是一種集體創作，木蘭不見得眞有其人。在《木蘭詩》中，她會織布，她弟弟會殺豬，她住在城市裡，去市集採買，表示她的經濟生活不是遊牧打獵。」

「木蘭會騎馬，還打了十二年的仗，她騎術一定很不錯。詩中全是北方地名，從時間推算起來，有學者推測她是漢化的鮮卑人。」

從周朝到明朝，萬里長城的確是爲了阻絕外患的防禦工事，但不是黑白分明的界線。

畫一條線從此勢不兩立，你一邊我一邊，老死不相往來？

想得美。

歷史是流動的。

胡漢之間從來不是鐵板一塊。

最早的木蘭詩原文可能是今天已失傳的鮮卑語，和土耳其語同屬阿爾泰語系，由牧民極具磁性和穿透力的好嗓音傳唱。

「後來翻譯了，漢人收錄在書裡，在中文世界流傳下來。」我說。

「喔……搞了半天，原來『你們』偷了『我們』的故事。」勾可汗開玩笑。

我挑了挑眉毛：「因爲這是個好故事呀。迪士尼的票房會說話。」

勾可汗在辦公室隔間打拚累了時，他的減壓方法就是關掉挾小的電腦螢幕，遙想在歐亞草原上奔馳遊牧的先祖們，最讓他心動嚮往的旅行是沿著中亞的絲路，一路走到新疆和蒙古。

我猜這撫慰功能，或許就像肥宅打三國志電玩一樣。

「我在書上看過很多中國故事。」他開心起來，把古代知名強人的譜系查給我看。他指著一個人名說：「例如，這個Mete Khan十分了不起，算是我們開國的領袖。」

我查了查，竟然是「冒頓單于」，與漢高祖劉邦同一時代的匈奴王。

「你認親的範圍未免也太寬了吧。」我心想，暗自好笑，記這些雜七雜八的，對人生到底有什麼益處呢？

但我從小腦袋瓜裡的確被塞了很多雜七雜八，我回憶道：「嗯，對呀。冒頓單于的情書很有名……」

「給誰的情書？」

「給呂后。」我說：「中國皇帝一死，他就寫情書給寡婦求婚。」

「內容很熱情囉？」他說。

「情書內容非常露骨，意思是，太后你是一個人，我也是一個人，既然我們兩個都是悲催的單身狗，要怎麼快樂起來呢？不如一起來○○××吧……」（陛下獨立，孤僨獨居。兩主不樂，無以自虞，願以所有，易其所無。）

「寡婦有答應嗎？」

「當然沒有。太后不可能再婚呀。」

這好像是一個反高潮，一點都不juicy。

他疑惑：「既然什麼都沒發生，歷史爲什麼要記載？」

我說：「可能是太后的回答很反常吧，這個太后是狠角色，大殺功臣，還把情敵做成人彘，跋扈冷血是出了名的，但她回覆這個求婚時，竟然肯收斂自己的脾氣……說了任何女人都不願意說的話……」

「她的回覆是啥？」

「大致是，我已是頭髮牙齒掉光、腳走不動的老太婆了，恐怕污了您的眼

睛，所以您還是去找年輕美眉吧……」（年老氣衰，髮齒墮落，行步失度）

冒頓單于在白登之圍沒有取劉邦性命，後來還結拜為兄弟。而游牧民族有哥哥一死，弟弟必須娶嫂嫂的習俗，所以單于向呂后求婚，不見得是白目的性騷擾，或壞心眼欺負寡婦。

我說：「單于比呂后年輕好幾歲，就算不是可口的小鮮肉，也一定是養眼的猛男呀！」

他搖搖頭：「不嫁也好。冒頓單于為了訓練士兵服從，用響箭射向自己的老婆，不跟著射的士兵，立刻砍頭。我不覺得他是個好老公。」

我一拍大腿：「沒錯！他最後用這招殺死他老爸！」

哎呀！聽外國人說出自己小時候聽過的歷史故事，感覺真是妙透了。

更有趣的是，他是敵方。

「我們」和「他們」之間，隔著長城。

我是倒數幾屆的聯考生，念的課本是國立編譯館的舊版本，中學時還遇到一個頗有古風的歷史老師，上課補充的教材，是通篇之乎者也的文言文，幾乎都摘錄自史記、漢書、資治通鑑，上到漢唐盛世時，當年幼小的心靈還真充滿自豪感。

勾可汗說：「關於古代遊牧的歷史，很多我們是從中文記錄知道的呀。」

我笑說：「啊哈，你們在中國史書上，全都是壞人喔。漢人通常只有兩種情緒……鄙視和害怕。」

「古代漢人都是種族沙文主義者，很自我中心的，對於胡人的看法很簡單，要嘛就是來打架，要嘛就是來朝貢。最好別來，走了最好，眼不見心不煩。」

不是「壯志飢餐胡虜肉」，就是「萬國衣冠拜冕旒」，簡直是一種受害情結和自大狂的奇異混合。

有點好奇古代突厥傳統在他心中還留下什麼印記，我對勾可汗說：「你不是每星期五都會去清眞寺做主麻嗎？你們早已伊斯蘭化了。你信的是阿拉，不是你祖先的長生天啦。」

他說：「還是有殘餘呀。可能是因爲祖先在蒙古高原時，信仰的是崇拜長生天（Tengri）的薩滿教吧，在土耳其語中，『天空』和『神明』是同義字，甚至也可以用來指阿拉。」

胡人崇拜天空，沒有地域觀念，只認氏族圖騰，蒼穹之下，縱馬狂奔，落腳即可為家。而漢人執著土地，生前鋤禾田，死後埋骨處，子孫守著祖墳寸步不離。

勾可汗給我開啓了一扇全新的窗。

感覺上他非常博愛，認為只要源自蒙古高原的遊牧民族，都是先後離家獨立的兄弟姊妹。匈奴，突厥，蒙古等部族，有著千絲萬縷的血脈傳承和文化滲透，在歷史洪流中代表當時最強的支系。

當某個支系離開中國史官的視野以後，他們仍然在遠方打下江山，建立家園，和當地融合。

像勾可汗的祖先，一代一代向西前進，混血雜處，膚色越來越白，眼睛也越來越大，鼻樑越來越挺，到了土耳其西岸，早已不是蒙古人種，而是類似歐洲白人的面貌，最後攻下君士坦丁堡，建立橫跨歐亞非的大帝國。

胡人遠走他鄉以後的驚人成就，留在原地的漢人當然不會知道。

我思前想後，這才發現，他的史觀和我習以為常的中原史觀眞是天差地遠！我甚至有點不情願地承認，放到世界史的角度來看，勾可汗甚至比我全面宏觀的多。

一直以來，二戰後臺灣的歷史教育理所當然是「中原史觀」，把中國當成「中央之國」，漢人是主角，而游牧民族是跑龍套的次要角色。道貌岸然的儒家史官給對頭冤家的評價一向不高，老大心態，很愛用犬字旁、虫字旁幫異族取名，認為胡人除了打打殺殺，粗魯無文，匪夷所思，沒有文化影響力。但這根本大錯特錯，自古來去如風的游牧民族，才是世界歷史巨輪的主要推動者。

安土重遷的農業社會才能支持中央集權的大政府，治黃河、修長城，供養巨大的官僚體系，著書修史，翻譯而來的木蘭詩才沒有隨風而逝，而是凝固在中國字裡。一千多年後，收在現代國文課本中，人人朗朗上口，然後輾轉被迪士尼的故事開發團隊相中。

漢人把籌碼全押在農耕，時間的重量垂直地壓縮在一畝三分地上，除非戰亂流離，不然子孫代代全釘在原處，用血汗澆灌一輪又一輪的春耕夏耘秋收冬藏。

而一代天驕的游牧民族，追求另一種生命情調，時間像箭一樣水平射出去，刀頭上舔得了血，胳膊上跑得了馬，把野性馳騁到極致。

眼界開闊，一年搬家好幾次，藍天之下，只要打得下來，全是他們的咖啡館，喔，不，全是他們的牧場。

他們一代一代自蒙古高原出發，經過中亞平原，西亞沙漠，甚至一路到東歐，馬蹄達達，北風蕭蕭，地平線沒有盡頭，勒住韁繩翻身下馬，落腳處就是新天新地新氣象，把基因散布在歐亞大陸。

在海權時代來臨之前，絲路是傳遞新觀念、新發明、新產品的高速公路，文化融合的前哨站，自由奔放的游牧民族是促進新陳代謝的變異因子。

他們旅行，他們開拓，他們冒險犯難，他們是權力遊戲的天生玩家，彎弓射鵰，急鞭快馬，將豪情釀成酒，把熱血唱成歌，在冰凍的草原烤著營火，吃烤肉喝優酪乳，烹牛宰羊，用滿腔血性來塑造世界的樣貌。

比起來，漢人反而才是蹲在角落，盯著自己肚臍眼瞧的自閉兒。並不能說中原史觀毫無可取之處，但出了中文圈子就簡直莫名其妙。用二元對立的「華夷之辨」來看世界史，以管窺天。

而且，漢人雖然自視爲天朝上國，但從游牧民族的角度來說，中原才是邊陲，甚至只是殖民地。

土耳其人展望未來會往西看，追憶過去會往東看。

爲了對抗西方列強，十九世紀奧斯曼帝國的文化菁英開始往東尋根，在「歐洲病夫」的譏嘲聲中，透過漢學家的考據，在中國文獻中招喚列祖列宗的魂魄。不爲別的，就是在大廈將傾之際，找尋並且編織新的故事，團結一致抵抗外侮。

民族認同是政治的火藥庫，近代史的主旋律，這種「想像的共同體」可能源自眞實的族群記憶，但也可能只是胡吹鬼扯。

「誰控制了過去，就控制了未來；誰控制了現在，就控制了過去。」歷史並不存在，存在的只有對歷史的詮釋。

如同玩電動，每個人都想當帥氣的騎士、榮耀的王者，政治家最愛編個故事來讓大家覺得是同一國的，享有共同的神聖起源或是英雄傳說。

就算眞的沒有，也牽強附會，硬幻想出一些金戈鐵馬的剽悍祖先或神祇，彷彿請廣告代言人來幫自己背書站臺一樣。

沒有眞假對錯，只要能派得上用場就是好故事，眼見屹立了六世紀的大帝國即將迎來最後的結局，政客學者忙著提出各種主義學說，爭奪發言權，蓄積號召力。

吵吵嚷嚷，衆聲喧嘩。

「奧斯曼主義」是爲了凝聚帝國境內各個民族所創，有點像漢滿蒙回藏苗瑤，不管什麼族都大鍋炒一盤的「中華民族」，祖國大家庭其樂融融。

而「泛突厥主義」的概念就像「四海都有中國人」，只要文化語言相通，就是自己人，把遠在中亞的突厥部族視爲血濃於水的同胞手足，甚至種下今日新疆獨立運動的遠因。

聽起來是否有幾分熟悉？

國父凱末爾認清政治情勢，務實不務虛，放下昔日的驕傲，讓帝國境內的阿拉伯人、喬治亞人、亞美尼亞人等異族都獨立建國去，也不亂認八竿子打不著的突厥遠親。更捨棄伊斯蘭世界的共主寶座，大步邁向世俗化。

他明快選擇了只有在帝國境內的突厥語系才是一國的「小突厥主義」，在西方列強的虎視眈眈下，殺出一條血路，成功轉型爲現代民族國家，沒有淪爲殖民地，並長年維持相對安穩的政局。

而土耳其在蘇聯解體後，或許爲了在中亞突厥語系諸國中當老大，才重新傾向這種「系出同門、天下一家」的「泛突厥主義」史觀。

政治上失敗了，文化上仍然暗潮洶湧。

樹倒猢猻散，奧斯曼帝國分崩離析後揚起的灰塵，覆蓋在勾可汗心愛的歷史書上，他們在帝國的廢墟裡，疊磚砌瓦，訴說各種故事，定義誰是自己人，誰是他者。

人類都是玩著同一套把戲的猴子，我爬梳著他們如何把帝國的碎片拼出一個新樣貌，才驚覺故事是多麼有力量。

你說的故事是不是眞的並不重要，只要夠多人相信，只要時勢所趨，終將成眞。

國家的形成，從來不是在地圖上畫一些線，而是先建構出國族神話，唱出英雄贊歌。

或許在同一時期，亞洲大陸的另一端，大清帝國衰弱解體這一百多年來，我們也被時代的浪潮推擠簇擁，踉踉蹌蹌，腦補各種想像，疑惑自己到底是誰。

每個故事都只是時代和環境的產物，沒有什麼是神聖不可侵犯的。

主流歷史書寫的背後，永遠充滿當權者的算計。我和勾可汗兩人，一個在太平洋小島上，一個在亞洲最西端，各自被導入迂迴晦澀的近代國族建構路徑，最後剛好跟呂后與冒頓單于接上線，於是兩個腦袋中莫名其妙地有了共通的故事情節。

只不過他認同的對象在長城以北，我認同的對象在長城以南。而說不定這些認同，都只像優酪乳的泡泡一樣那麼虛幻，經過人工大力攪拌而成，佐以最大劑量的想像力。

唯一說得上的紐帶，頂多只是文化共性。

無論如何，和「天可汗」一席話，頓時覺得烤肉店開闊了起來，天蒼地茫，我豪邁地將優酪乳一飲而盡，嘴上戴著白鬍子，想仰天長嘯，想執韁狂奔，可惜只缺一匹快馬。

—峇里島餐桌—

椰子酒鬼回來了

自從人類發明了輪子，一直和酒精過不去。酒駕在哪裡都是個大問題。就是因為酒和車同時存在這個世上，所以人更需要神的憐憫。幸虧在峇里島，神佛滿天。

自從人類發明了輪子，一直和酒精過不去。

酒駕在哪裡都是個大問題。

就是因爲酒和車同時存在這個世上，所以人更需要神的憐憫。

幸虧在峇里島，神佛滿天。

我試著在峇里島東邊的小村子搭公車，這很看運氣，司機常守在路邊招攬客人，急吼吼地催促：「快開了快開了！上車上車！」

才怪。

實際上可能等三十分鐘，也可能等三個小時，如果乘客湊不夠，司機算算不敷成本，最後還乾脆不開了。

看似隨性，其實亂中有序，要把握的重點就是公車多半早上發車，絕對不可以賴床。

於是到了午飯時間，巴士司機們下班收工，紛紛席地而坐，在一旁懶洋洋喝起了椰子酒。

椰子酒是最自給自足的飲料。只要會爬樹就有得喝，不用花錢買。

椰子樹到處都有，島民從小就像猴子一樣會爬樹。先穿上爬椰子樹專用的確保繩和釘鞋，手腳並用爬到椰子樹上，割開枝幹，裝設竹筒，一點一滴收集枝幹裡的樹液。

每天樹液源源不絕，加點水稀釋就是甜飲料，如果直接熬煮，凝固後就是椰糖。

將樹液加點酵母，靜置個四五天發酵並且調味，就是椰子酒（tuak），喝起來甜甜的，後勁頗強，顏色白濁。

而椰子酒再費工經過蒸餾，就是椰子烈酒（arak）。生火加熱讓椰子酒蒸發，密封收集水蒸氣，在長長的竹管中冷卻凝結，一滴一滴落在容器裡。清澈如水，熱烈似火，酒精濃度高的，點火還會燃燒，被稱爲「火水」，光在旁邊聞著也會醉。

椰子烈酒可長久保存，有些人會加入藥材或是動物昆蟲來泡藥酒。每當看到路邊人家排滿寶特瓶叫賣，那通常不是汽油，而是酒，越烈的越貴。

印尼是穆斯林爲主的國家，天生對酒精過敏，戒愼恐懼，重重管制，但峇里島民絕大多數信奉印度教，沒有任何心理障礙。

除了警察以外，人人都知道東部的椰子酒最出名。

椰子烈酒除了日常飲用，在宗教祭典更不可或缺。還可以用來當成基酒，調觀光客最愛的各種廉價雞尾酒，玻璃酒杯裡順便加上一把紙做的迷你小陽傘。

烈酒的需求旺盛而穩定，來峇里島找樂子的觀光客比樹上椰子的數量還多，把他們灌醉放倒，一日不可無此君。

抓不勝抓，抓了會動搖一整個村子的經濟命脈，警察只好裝做沒看到這些大大小小數百家的私釀作坊和家庭工廠，每日炊煙瀰漫，酒香撲鼻。

我白白空等也不能怪司機們浪費乘客時間，畢竟如果我認爲我的時間那麼珍貴，一開始就應該搭計程車才對。我對公車的固有概念一點也不干當地人的事，只好摸摸鼻子，耐著性子開始打聽其他門路。

而且，既然他們已經喝得十分歡暢，現在就算大發慈悲只爲了我發車，我也不太敢坐。

峇里島民本來就和善，喝了酒微醺，更親切好客了，招手要我也加入。我有飯力無酒膽，只抿了一小口椰子酒，意思意思一下，椰子烈酒就直接跳過，私釀酒造成甲醇中毒不時聽聞，再說我還要趕路呢。

酒過三巡，他們請我吃了玉米、米糕、花生、烤魚和沙嗲後，開始問我到底要去哪。

「就是逛逛囉。」我聳肩。

宛秧聽了直接說：「那你跟我租機車不就得了？」

我眼睛一亮，機車的自由度，計程車哪裡比得上？但我想到路況和罕固酮旺盛的飛車少年，有點遲疑。爲了招攬客人，他安撫我說：「放心放心，我會做一個儀式，保你行車平安。」

上路之前他給了我安全帽和雨衣斗篷，還眞的拿花朵沾酒水灑在機車龍頭上，焚香祈禱，口中喃喃誦念，拜託衆神保佑。

我一旁等著，一邊自我心理建設：「一定要在印尼騎機車的話，多幾個神明加持，總比只有一個神、或沒有神來得好。」

宛秧隨口說道：「村裡快要舉辦祭典囉，還有巴龍獅喔……有空的話，可以來看看。」

「喔，我當然有興趣！」我眼睛一亮，記下了日期和時間。

我騎遠了還傳來他的叮嚀：「騎慢一點呀……記得緊靠路邊行駛，我們大卡車常逆向搶快。」

「上路了才說，眞是謝了。」我雙眼直視前方，忍住不翻白眼。

環島數天，我準備回村子看祭典、還機車，路上一時下起大雨，那種最豪

峇里島地方祭典，峇里島民的日常充滿大大小小的祭典，家家戶戶都有類似臺灣農民曆的日曆，清楚載明祭祀的時間。祭典中充滿音樂和舞蹈，邀請神靈下凡來。

邁爽快的熱帶大雨，世間所有聲音都消失了，只剩雨水狠狠打在頭上安全帽的聲音。

我一身溼淋淋地在路邊商店躲雨，隔著塑膠帶傳手機訊息，通知宛秧我會晚到：「你們那裡沒下雨嗎？如果下雨，村子裡的祭典會取消嗎？」

宛秧回覆：「不會。我們祭典前都會請巫師來做儀式，所以天氣很好，雨被移到別的村子去了。」

他說的彷彿這是太陽從東邊升起、西邊落下一樣的基本常識，三歲小孩都知道。

傳說峇里島的巫師可以控制雨，壞心眼的外地巫師會故意挑在重要祭典時降下大雨，讓祭典泡湯，好勒索村民——如果要好天氣，請乖乖付錢。不然就得請道行更高深的巫師來鬥法，才能雨過天晴。

我不知道巫師一般的行情是多少，但控制天氣這麼稀有的技能，價格怎麼高都不算貴。

冒著風雨趕回村子，夕陽西下，祭典已經快開始了。看地上乾乾的，果然沒下雨。在宛秧的催促下，我頭髮還沒擦乾，就隨手圍上叫卡門的布，擠進人群中坐下。

峇里島最迷人之處，是島民過著雙軌道的生活，還可以任意切換。

他們說英語、使用電腦、賣船票、開計程車、租機車、繳貸款、帶人浮潛，運用現代觀光業的共通語彙，讓生意順利上軌道。

但另一方面，他們洗去爲衣食奔忙而沾染的一身俗氣，抖落塵埃，沐浴盛裝，耳邊戴著花朵，奏樂、唱歌、跳舞、雕刻、繪畫、祈禱，相信並謹守禁忌，遵照古老儀式，集體進入一個神與靈的純粹境界。

這兩個世界同時存在。觀光客衝著後者而來，前者只是應運而生。島民在兩個世界穿梭自如，我被留在一邊探頭探腦，夾雜著疑惑和讚嘆。

典禮全由村民自己籌辦，連看似極爲專業的舞者也是當地人，舞者的正職可能是烤魚攤販或郵局職員，歌舞由村裡老人趁閒暇時教授承傳，一代傳一代。

這裡人人都是藝術家，或根本沒人是藝術家。藝術的源頭只來自於神靈，也只用來取悅神靈。沒有第二句話。

在人潮洶湧的觀光區自然有類似的表演，但一定會經過更改，拿掉被視爲最重要而神聖的部份，胡唱亂跳一氣，只剩外殼而沒有實質，免得冒犯鬼神。

不過今晚小村子裡的祭典不是爲了迎合觀光客，雖然燈光音響陽春了點，但絕對原汁原味。

這不是表演，村民爲自己而辦，我只是外來觀禮的客人。

夜色中，一開始我像個小孩一樣充滿興味地看著巴龍獅，大大的眼睛，尖尖的牙，有幾分像過年的舞獅。

而整個祭典的尾聲卻讓我大大嚇了一跳。

據說整場祭典是個召喚儀式，等村民跳了大半夜的舞，跳到精神恍惚，彷彿進入夢境，神靈降臨，開始找在場的村民附身。

我看到突然被附身的村民痛哭狂叫，在地上打滾，昏迷抽搐，打嗝甚至嘔吐，甚至抓狂向人群撲來。

其他人七手八腳拉住，把他們壓倒在地，並且使用火、小雞、酒等物來恢復心神。

其他觀光客哪見過這等陣仗，原本席地而坐，紛紛起身不斷往後退，神色驚恐，尖叫四起。

「啊……」我穿著涼鞋被重重踩了一腳，痛得想罵人，被人群擠得喘不過氣，又怕卡門裙掉下來。

看著那個被附身的老兄在地上翻滾，我心裡發毛：「拜託不要打我的主意。我不是個好乩身呀。」

但立刻覺得自己多慮了。

我在一本正經地胡說八道什麼？

神話學大師喬瑟夫．坎伯（Joseph Campbell）曾說過：「神話是衆人的夢。夢是個人的神話。」

頻率對了，才接收得到訊號。

身爲對當地文化一無所知的外國人，我既然沒有跟著所有村民一起做夢，所以對我來說，神話也不會成眞。

退一萬步說，就算眞有神靈好了，附在局外人身上，溝通起來會很吃力。神靈很清楚，還是找自己人好說話。

在我鐵齒的當下，突然看到一群人圍著一個青年，「哇啦哇啦哇啦……」情緒非常激動。

我抓住宛秧問：「他怎麼啦？」

宛秧解釋，他被附身後，神情舉止大變，飛揚跋扈，還自稱是馬德。

「馬德是誰？」

「也是同一個村的。」

我說：「那又怎樣？」

宛秧咬耳朵翻譯：「馬德去年死囉。」

我赫然大驚。

「愛喝酒，又愛飆機車……」宛秧補充：「尤其是兩樣一起來。」

那個自稱馬德的青年直說：「拿酒來。」

村民奉上酒。

峇里島有一種可以自由公開販賣的次等椰子烈酒，不受管制，專門用來在祭典中潑灑地上獻給鬼神。

但要拿來喝自然也沒人管得著。

馬德喝了一口，吐在地下，大罵：「這種我不要。」

「那你要哪一種的？」

「去我家跟我叔公要他兩年前私釀的，他藏在廚房後頭的大水缸旁邊，我那時還特地幫他抓了十隻小海馬來泡酒。」

不一會兒，跑腿的村民取了酒，飛奔而至。

馬德一家老小也哭哭啼啼趕來了。

馬德一口一口把烈酒灌入喉嚨，臉越來越紅，像一隻泡湯的獼猴，我眞擔心他直接醉死。

村民一個一個前來問事，家庭事業感情健康，馬德透過祭司長老說說笑笑，看得我眼珠子都快掉下來了，這情景跟臺灣宮廟降乩何其神似。

等馬德把酒喝光了，踢倒空瓶，瞇著雙眼，又叫又笑跳舞一陣，突然仰天倒了下來，渾身癱軟，昏迷過去，祭司長老淡淡吩咐幾名壯丁：「把他抬到寺廟旁邊。」

他一會兒清醒過來，又恢復原來的樣子。

「你記得發生什麼事嗎？」

「啊……」他一臉問號：「我什麼都不記得了。」

那小伙子站起身來，走路筆直，腳步穩健，神色清醒，完全不像剛剛才灌下了那麼多的烈酒，交通警察拿著酒測機叫他吹氣也能過關。

彷彿酒鬼馬德剛剛離開的時候，把全身酒氣也一起打包帶走了。

國家圖書館出版品預行編目（CIP）資料

眾神的餐桌：跟著食物說書人，深入異國飲食日常，追探人類的文化記憶 / 張健芳 著 . -- 初版. -- 臺北市：商周出版：家庭傳媒城邦分公司發行, 民107.05
272面；14.8x21公分. -- (Style 20)
ISBN 978-986-477-455-5(平裝)

1.旅遊文學 2.飲食風俗 3.世界地理

719 107006370

Style 20
眾神的餐桌：跟著食物說書人，深入異國飲食日常，追探人類的文化記憶

作　　者／張健芳
責任編輯／韋孟岑
版　　權／吳亭儀、翁靜如、黃淑敏
行銷業務／張媖茜、黃崇華
總 編 輯／何宜珍
總 經 理／彭之琬
發 行 人／何飛鵬
法律顧問／元禾法律事務所 王子文律師
出　　版／商周出版
臺北市中山區民生東路二段141號9樓
電話：(02) 2500-7008　傳眞：(02) 2500-7759　E-mail：bwp.service@cite.com.tw
發　　行／英屬蓋曼群島商家庭傳媒股份有限公司城邦分公司
臺北市中山區民生東路二段141號2樓
讀者服務專線：0800-020-299　24小時傳眞服務：(02)2517-0999
讀者服務信箱E-mail：cs@cite.com.tw
劃撥帳號／19833503　戶名：英屬蓋曼群島商家庭傳媒股份有限公司城邦分公司
訂購服務／書虫股份有限公司客服專線：(02)2500-7718；2500-7719
服務時間：週一至週五上午09:30-12:00；下午13:30-17:00
24小時傳眞專線：(02)2500-1990；2500-1991
劃撥帳號：19863813　戶名：書虫股份有限公司　E-mail：service@readingclub.com.tw
香港發行所／城邦(香港)出版集團有限公司
香港 灣仔 駱克道193號東超商業中心1樓
電話：(852) 2508-6231　傳眞：(852) 2578-9337
馬新發行所／城邦(馬新)出版集團
Cité (M) Sdn. Bhd. (458372U)
11, Jalan 30D/146, Desa Tasik, Sungai Besi, 57000 Kuala Lumpur, Malaysia.
電話：(603)9056-3833　傳眞：(603)9056-2833
商周出版部落格／http://bwp25007008.pixnet.net/blog
行政院新聞局北市業字第913號

封面設計&插畫／李涵硯　內頁設計&排版／蔡惠如
印　　刷／卡樂彩色製版印刷有限公司
經 銷 商／聯合發行股份有限公司
客服專線：0800-055-365　電話：(02)2668-9005　傳眞：(02)2668-9790

2018年（民107）05月15日初版
Printed in Taiwan
定價320元

ISBN 978-986-477-455-5

廣　告　回　函
北區郵政管理登記證
北臺字第000791號
郵資已付，免貼郵票

104　台北市民生東路二段141號2樓

英屬蓋曼群島商家庭傳媒股份有限公司城邦分公司　收

請沿虛線對摺，謝謝！

書號：Style 20　書名：眾神的餐桌：跟著食物說書人，深入異國飲食日常，追探人類的文化記憶　編碼：

請於此處用膠水黏貼

商周出版

讀者回函卡

謝謝您購買我們出版的書籍！請費心填寫此回函卡，我們將不定期寄上城邦集團最新的出版訊息。

姓名：＿＿＿＿＿＿＿＿＿＿＿＿＿＿＿＿

性別：□男　□女

生日：西元＿＿＿＿＿＿年＿＿＿＿＿＿月＿＿＿＿＿＿日

地址：＿＿＿＿＿＿＿＿＿＿＿＿＿＿＿＿

聯絡電話：＿＿＿＿＿＿＿＿＿＿　傳真：＿＿＿＿＿＿＿＿

E-mail：＿＿＿＿＿＿＿＿＿＿＿＿＿＿＿＿

職業：□1.學生 □2.軍公教 □3.服務 □4.金融 □5.製造 □6.資訊
□7.傳播 □8.自由業 □9.農漁牧 □10.家管 □11.退休
□12.其他＿＿＿＿＿＿＿＿＿＿

您從何種方式得知本書消息?

□1.書店□2.網路□3.報紙□4.雜誌□5.廣播 □6.電視 □7.親友推薦
□8.其他＿＿＿＿＿＿＿＿＿＿

您通常以何種方式購書?

□1.書店□2.網路□3.傳真訂購□4.郵局劃撥 □5.其他＿＿＿＿＿

您喜歡閱讀哪些類別的書籍?

□1.財經商業□2.自然科學 □3.歷史□4.法律□5.文學□6.休閒旅遊
□7.小說□8.人物傳記□9.生活、勵志□10.其他＿＿＿＿＿

對我們的建議：

＿＿＿＿＿＿＿＿＿＿＿＿＿＿＿＿

＿＿＿＿＿＿＿＿＿＿＿＿＿＿＿＿

＿＿＿＿＿＿＿＿＿＿＿＿＿＿＿＿

＿＿＿＿＿＿＿＿＿＿＿＿＿＿＿＿

請於此處用膠水黏貼

STYLE

STYLE